1872년에 그려진 「장연 백령진도」 왼쪽 아래 마을이 중화동이다. 126년 전 이곳에 세워진 중화동교회에서 복음이 옆으로는 장촌, 화동, 진촌, 사곶으로, 위로는 가을리로 퍼져 나가 면서 백령도가 '한국 기독교의 섬'으로 지정되었다. 두무진 바다에 기암 절벽들이 그려져 있다.

長淵府 一牧場設場
白翎島 一牧場設場
豊川府 一牧場設場
椒島 一牧場設場
殷栗縣 一牧場設場
席島

1678년에 그린「목장지도 장연부」아래쪽에 백령도가 그려져 있다. 한가운데 백령진이 성으로 둘러싸여 있는데, 지금의 백령성당 자리에 있었다. 말 46필, 소 193마리, 목자 78명이 목장에 있었다.

1937년 일신학교 모습인데, 1925년 중화동교회에서
일신사숙(日新私塾)을 설립하였다.

중화동교회 성경구락부와 허간 목사

(위) 일제강점기에 전국 교회와 성당의 종들이 전쟁물자로 징발당하는 가운데 지켜냈던 중화동교회 종

(아래) 설립자 허득 공 기념비. "예수 잘 믿어라"라는 유언이 마지막 줄에 적혀 있다.

백령기독교역사관에 전시된 중화동교회 역대 종도리(마룻대). 오른쪽은 1939년 상량식 때에 쓴 것이며, 가운데는 1952년 것인데, 1897년, 1921년. 1939년, 1952년이 다 적혀 있다. 왼쪽 것은 허간 목사가 마지막으로 봉헌한 1968년 성전의 기록이다. 집사 15명의 이름까지 다 적은 것이 특이하다.

60여 년 전에 세웠던 60주년 기념계단과 기념석의 낡은 모습

중화동교회 창립 60주년 기념공사 기념석

『백령 중화동교회 약사』의 저자 허간 목사

중화동교회 설립 125주년 기념 및 기독교 역사사적지지정 감사예배

현재의 중화동교회

사곶교회 1905년 설립

진촌교회 1906년 설립

화동교회 1917년 설립

가을교회
1924년 설립

연지교회
1939년 설립

장촌교회 1953년 설립

백령기독교역사관

[인천교회사 총서 1]

백령 중화동교회 약사

허간 지음
허경진 엮어 옮김

평민사

간 행 사

인천기독교역사문화연구원이 새롭게 출발하면서 인천지역 교회사를 발굴하고 정리하는 사업을 계획했었습니다. 지역에 산재한 교회사를 정립할 수 있는 사료를 찾는 것과 그것을 현대어로 볼 수 있도록 하는 것, 그와 함께 사료를 보존하여 후세에 전달하는 것까지를 계획한 바가 있습니다.

그러나 그것은 숙원사업이지만 쉽게 접근할 수 없는 일이기도 하여 선뜻 진행하지 못한 것도 사실입니다. 왜냐하면 이에 대한 깊은 관심과 이해가 있어야 하고, 그것을 이루어낼 수 있는 인력과 재정적인 준비도 있어야 하기 때문입니다. 게다가 그러한 일을 모두 완성할 수 있도록 하는 의지와 총의가 중요했기 때문입니다.

그런데 연세대학교의 허경진 교수님께서 종조부 허간 목사님이 기록으로 남긴 『백령 중화동교회약사』를 번역하고, 필요한 부분에 부연하거나 사료를 찾아서 부가하여 작지만 한 권의 책으로 엮으셨습니다. 우리 연구원이 앞장서서 해야 할 일이지만, 허 교수님의 고조부이신 허득 공에 의해서 설립된 중화동교회사에 특별한 관심을 가지고, 국문학자로서 19세기 말 선교역사에 관하여 여러 사료를 찾아서 번역한 글들 속에서 새롭게 발견한 사실을 첨부하여 허간 목사님이 남긴 기록에 대한 논증까지 하셨습니다.

이것은 인천지역교회사에 있어서 매우 귀중한 사료이기에 허경진 교수님의 노고에 감사하는 마음과 함께, 인천기독교역사문화연구원이 계획했던 〈인천교회사 총서〉로 발행하게 됨을 기쁘게 생각합니다. 이 일을 감당해주신 허경진 교수님과 총서로 간행할 수 있도록 허락해주신 양천허씨 백령중화동파 종친회, 중화동교회에 감사드립니다.

이를 계기로 인천기독교역사문화연구원이 감당해야 할 일이 매우 중차대함을 다시 한 번 확인하게 됩니다. 앞으로 <인천교회사 총서>가 연이어 발행될 수 있도록 해야 할 것이고, 그 일을 위해서 연구원의 전문위원, 운영위원들은 물론 개인적으로도 관심이 있는 분들의 관심과 협력을 부탁드립니다.

이번 총서 1권을 계기로 하여 앞으로 인천지역의 교회사연구를 위한 사료를 발굴, 정립하는 총서가 이어져 발행할 수 있기를 소망하면서, 이 일을 이끌어주시는 하나님께 감사와 영광을 돌립니다.

2023년 1월
이종전/인천기독교역사문화연구원 원장

서 문

무지와 무속과 미신과 유교의 어두움 아래에 있던 19세기 말의 조선은 안으로는 탐관오리가 들끓었고, 이로 인한 동학란이 일어났으며, 밖으로부터는 조선에서 이권을 얻으려는 열강들의 각축장이 되었습니다. 조선은 국가로서의 능력을 상실하고 있었고, 백성들은 도탄에 빠져 있었습니다.

백령도는 외세가 조선으로 접근하는 해상의 길목으로 군사적인 요충지였습니다. 따라서 백령도 근해를 지나가는 외국의 함대나 기선을 백령도민들은 종종 보곤 하였습니다. 그러한 배들 중에서 백령도에 정박한 배들도 있었습니다. 1832년의 귀즐라프 선교사를 태운 암허스트號, 1865년에는 토마스 선교사가 탄 청나라 사람 우문태의 범선, 그리고 1년 후인 1866년에 그가 승선한 제네럴 셔먼號가 백령도에 정박했었습니다. 귀즐라프 선교사와 토마스 선교사가 백령도에 다녀가긴 했지만, 백령도는 여전히 흑암 속에 있었습니다.

1884년 10월에 동학란이 황해도 장연에서 일어났고 그해 말 백령도에도 미쳤습니다. 백령진의 관리들은 줄행랑을 놓았고, 백령진 청사는 불타 없어지는 등 백령도는 폐허가 되었습니다.

이에 더하여 황해도의 수군을 지휘하던 수군첨절제사의 백령진은 1895년 갑오경장을 계기로 일개의 면 단위 정도의 행정구역으로 전락했습니다. 설상가상으로 조정은 죄수를 백령도로 유배를 보냈지만, 관리할 능력이 없는 백령도에서 죄수들은 자유롭게 활보하는 곳이 되었습니다.

허간 목사님의 할아버지인 허득 공은 1891년에 조정으로부터 정3품 당상관인 통정대부의 관계를 받고 동지중추부사의 관직에 올랐습니다. 1894년 가을 황해도 장연에서 동학란이 발생하자, 관직에 있던 허득 공은 백령도를 떠나 장연의 동학란 진압에 합류하여 1년을 보내고 1895년 말에 백령도로 돌아왔습니다.

예전의 백령진의 모습은 온데간데없고, 도민은 의지할 곳이 없이 낙담하며 감정적 분출을 쉽게 하는 흥분된 상태였습니다. 사곶의 김산철 공과 함께 이러한 도민들을 위로하고 지도하면서, 백령도는 차츰 진정되었습니다. 허득 공은 개화파 정치인으로 질서가 무너지고 백성이 의지할 곳이 없는 상황을 개선하기 위하여 세상의 빛인 예수그리스도를 받아들이고 믿어야 한다고 생각하셨습니다.

이러한 중에 김성진 진사 일행이 1896년 초에 귀양을 왔고, 허득 공은 귀양을 온 분들을 관리하였습니다. 김성진 진사는 귀양을 올 때, 사위가 성경을 주어 유배지인 백령도로 가져왔습니다. 두 분은 함께 읽고 토론하면서 예수님을 믿게 되었습니다.

1896년 6월경에 두 분이 백령도민을 모아 다 같이 예수님을 믿기로 하면서, 백령 중화동교회는 그해 8월 25일에 설립되었습니다. 중화동교회는 조선 말기, 일제강점기, 공산 치하, 한국동란, 그리고 산업화와 민주화의 과정을 거치며 백령도, 황해도, 그리고 인천 등의 여러 지역에 복음의 빛을 비추었습니다.

저의 증조부 허간 목사님은 이렇게 설립된 중화동교회에서 15세가 되었을 때 세례를 받았고, 19세에 집사, 30세에 조사, 31세 때에 장로로 장립이 되었고, 장로가 된 그해 말에 태탄교회의 조사로 부임하기 위하여 중화동 교회를 떠나셨습니다. 그 후 약 30년간 태탄교회를 섬기셨습니다.

그리고 1947년 11월부터 1970년까지 23년간 중화동교회의 담임목사로 섬기셨고 그 후에는 원로목사로 추대되었으며, 1972년 3월 3일 88세로 소천하셨습니다.

평생을 중화동교회와 함께 하신 증조부 허간 목사님께서 쓰신 『중화동교회 약사』는 설립부터 1928년 허인 장로의 장립식까지를 기록하였습니다. 우리나라의 어두웠던 근현대사에 빛을 비춘 중화동교회의 역사가 세상에 알려지도록 현대 국어로 번역되고 증조할아버님께서 쓰신 붓글씨 약사의 영인본과 함께 발간되어 기쁜 마음을 억누를 수 없습니다.

주님께, 중화동교회 조정헌 목사님과 교인들께, 번역하여 주신 허경진 교수님께, 그리고 발간을 도운 양천허씨 백령중화동공파의 종친회에 깊은 감사를 드립니다.

2022년 9월 28일 미국 메릴랜드에서
허찬 / 양천허씨 백령중화동공파 종손

일러두기

1. 왼쪽 페이지는 허간 목사님이 쓴 글자를 그대로 살리고, 문장 부호를 넣었으며, 띄어쓰기를 하였다.
2. 오른쪽 페이지는 요즘 맞춤법으로 고치고, 한자에도 음을 달았으며, 읽기 쉬운 문장으로 고쳤다.
3. 원문은 11포인트로 편집하고, 이해하기에 도움이 되는 참고자료와 부록을 10.5포인트로 입력하여 편집하였다.
4. 필요한 경우에는 각주를 달았다.
5. 원본은 책 뒤에 영인으로 편집하여서, 허간 목사님의 글씨를 그대로 읽어볼 수 있게 하였다.
6. 그밖에 중화동교회 역사를 이해하기에 도움이 될 만한 글들을 부록으로 편집하였다.

[차례]

1장
백령 중화동교회 약사
(원문, 현대역)

白翎 中和洞敎會 畧史(원문)

　本島 上古史는 參考해볼 길이 별노이 없고 白翎 畧史 上古 史을 보아 李朝 世宗大王 十年 頃에 忠淸 全羅 黃海道 等地에 셔 生活苦難으로 糊口之策을 해결하기 爲하여 人稀地曠한 島嶼을 차자 살 길을 엇으려고 此島에 와셔 臨時 居住하다가 永居케 되엿다

　位置는 韓國 西端 黃海 바다 中에 在하는데 周緯가 百二十 餘里(조션 리수로)요, 東西가 三十五里요, 南北이 二十里가량 되는 美麗한 섬이며, 陸地에 第一 近距里 되는 곳이 百餘里가 되니, 孤島라고도 할 수 잇고, 靑國과 국경디대이니 위험한 관계도 되는 거시다.

　官制로는 海軍 中將(堂上三品)이 行海軍僉節制使 卽 文武 司法 專制官으로 行政을 指導하게 되니 居住民들은 거진 무식 정도이며, 또 섬인 關係上 우상 숭배하는 일이 더욱 甚하게 하는 거시 五百餘年을 지내오던니 一八九四年(甲午)에 僉使을 페지함으로 政治指導가 完全치 못하니 民心은 더욱 紊亂하여지고 外來 不良徒輩 等과 所謂 官廳 관게자들니 만히 往來하며 住民들의게 가진 虐待와 捉取로 因하여 苦痛을 주는거시 太多하며 島民은 本來 무식 상태임으로 倫理 道德이 부패하다십피 되여스니 靈肉 生活이 神의 진노을 면키 어렵게 되여슬 쌔에 하나님의 광대하신

백령 중화동교회 약사(현대역)

본도(本島)의 상고사(上古史)는 참고해볼 길이 별로 없고, 백령도(白翎島) 약사(略史) 상고사(上古史)를 보아 이조(李朝) 세종대왕(世宗大王) 10년(1428) 경에 충청(忠淸) 전라(全羅) 황해도(黃海道) 등지에서 생활난으로 호구지책(糊口之策)을 해결하기 위하여 사람이 드물고 땅이 넓은 섬을 찾아 살 길을 얻으려고 이 섬에 와서 임시로 거주하다가 오래 살게 되었다.

위치는 한국 서쪽 끝 황해(黃海) 바다 가운데 있는데 주위가 120리(48km)요, 동서가 35리(14km)요, 남북이 20리(8km)쯤 되는 아름다운 섬이며, 육지에 제일 가까운 곳이 100여리가 되니, 고도(孤島)라고도 할 수 있고, 청나라(중국) 국경지대이니 위험한 곳이기도 하다.[1]

관제(官制)로는 해군(海軍) 중장(中將 당상관 3품)이 수군첨절제사(水軍僉節制使)[2] 즉 문무(文武) 사법(司法) 전제관(專制官)으로 행정을 지도하였다. 거주민들은 거진 무식한 정도이며, 또 섬이기 때문에 우상 숭배하는 일이 더욱 심하게 오백여년을 지내왔다.

1894년(갑오년)에 첨사(僉使)를 폐지하자 행정이 완전치 못하게 되어 민심은 더욱 문란하여지고, 외래 불량배(不良輩)와 소위 관청(官廳) 관계자들이 많이 왕래하며 주민들을 갖가지로 학대하고 착취하여 고통을 준 것이 아주 많았다. 도민(島民)들은 본래 무식한 상태이므로 윤리 도덕이 부패하였으니 영육(靈肉) 생활이 하나님의 진노를 면키 어렵게 되었을 때에 하나님의 크신

---

1) 허득 공이 읽게 했던 『백령진지(白翎鎭誌)』 내용을 기억하여 쓴 것이다.
2) 『만기요람(萬機要覽)』 「군정편(軍政篇) 4 / 주사(舟師) 황해도수영(黃海道水營)」 백령진에 소속된 배는 다음과 같다. "전선 1척, 방선 1척, 병선 2척, 거도선(舟+居舟+刀船) 4척."

사랑과 예수님의 큰신 구원의 緒光이 此 孤島 黑暗中에 뭇처 잇는 가련한 人生의게 나타나사 밋게 되여스니 찬송하리로다 감사와 찬송과 영광을 三位一體이신 참신 하나님씌 돌리리로다

一八九四年과 甲午政變時에 憂國智士들니 기울러저 가는 國家와 도탄 中에 쌔저 他國에 노예로 드러가는 民族과 外國政權으로 변개식히려 하는 간교한 계책으로 쇠이는 이 무리들을 물니치고 國家와 民族을 붓잡고 기울러저 가는 政府와 政治을 바로 잡으려고 上書와 忠言을 하다가 諫臣徒輩들의게 애매히 잡혀서 或 死刑 고문 당하다가 (配所)배소로 此島에 와서 류하는 智士 四,五분이 잇섯는데, 其中 忠淸道 公州에 居住하시던 金成振(現其時 進士)라는 先生이 本洞 許得(其時 同知)氏 宅에 와서 留하며 靑少年들의게 漢文을 訓學하시면서 許得氏 老人과 相議하기를

"내가 서울서 新約(순한문)이라는 冊을 사 가지고 왓는대 四書와 三經과 대조해보니 全部 內容이 此 성경이 이 책(四書三經)들의 근본이 되는 것 갓소이다. 故로 예수교을 밋어야 現在와 將來에 有望 有效하겟스니 예수을 밋게해 봅세다."

한則 許得氏도 智士라, 밋기로 두 분이 결정을 하고, 一八九六年 六月頃에 洞中人 等을 會集한 後에 예수를 밋어야 될 理由을 說明하니,

사랑과 예수님의 크신 구원의 서광(緒光)이 이 외로운 섬 흑암(黑暗) 중에 묻혀 있는 가련한 인생에게 나타나사 믿게 되었으니, 찬송하리로다 감사와 찬송과 영광을 삼위일체(三位一體)이신 참신 하나님께 돌리리로다.

1894년과 갑오정변(甲午政變) 때에 우국지사(憂國智士)들이 기울어져 가는 국가와 도탄 중에 빠져 타국(他國)에 노예로 들어가는 민족과 외국정권으로 변개시키려 하는 간교한 계책으로 꾀이는 이 무리들을 물리치고 국가와 민족을 붙잡고 기울어져 가는 정부와 정치를 바로 잡으려고 상서(上書)와 충언(忠言)을 하다가 간신 도배(諫臣徒輩)들에게 애매히 잡혀서 사형(死刑) 고문 당하다가 유배지로 이 섬에 와서 머무는 지사 4-5분이 있었는데, 그중 충청도 공주(公州)에 거주하시던 김성진(金成振) 진사(進士)라는 선생이 본동(本洞) 허득(許得 그때 同知)씨 댁에 와서 머물며 청소년들에게 한문(漢文)을 가르치면서 허득씨 노인과 상의하였다.

"내가 서울에서 신약(新約 순한문)이라는 책을 사 가지고 왔는데 사서(四書)와 삼경(三經)과 대조해보니 전부 내용이 이 성경이이 책(四書 三經)들의 근본이 되는 것 같습니다. 그러므로 예수교를 믿어야 현재와 장래에 유망(有望) 유효(有效)하겠으니 예수를 믿게 해 봅시다."

허득씨도 지사(智士)라, 믿기로 두 분이 결정하고, 1896년3) 6월쯤에 동네사람들을 회집한 후에 예수를 믿어야 될 이유를 설명

---

3) 처음에 六자로 썼다가 나중에 七자로 고쳤으며, 언젠가 다시 六자로 고쳤다. 허간 목사도 어린 시절의 기억이 확실치 않았던 듯한데, 김성진 진사가 백령도에 1897년에 유배되었으니 七자가 맞다. 그렇다면 중화동교회 설립연도도 1897년이 맞는 셈이다. 이 글에서는 일단 『백령 중화동교회 백년사』(중화동교회 1996) 「연혁」을 존중하여 1896년을 설립연도로 쓴다.

모힌 人士들이 다 可하다고 決定하고 서울노 사람을 보내셔 예수 밋는 先生도 청해 오고 예수교 책도 사오게 하기 爲하여 洞中 靑年 中 金達三 君을 擇定한 後 一八九六年 七月 初旬에 旅費를 모아 주며 보내려 할 쩌에 엇던 분의 말이

"長淵 大串面(現今 大救面) 소래에도 西洋人이 와셔 예수교 을 전하더라"

고 하니,

"그러면 소래로 가셔 알아보고 사실리면 그곳에서 젼도人과 책을 사 가지고 오게 하되, 萬一 그럿치 못하면 셔울노 가라"

고 하면셔 長淵 소래로 金達三 君을 보낸다.

一八九六年 八月 卄五日 頃에 소래 居住하는 徐景祚 長老와 洪鍾玉 執事와 吳氏(名은 不知) 敎人 以上 三人과 金達三 君이 와셔 전도하는 말을 듯고 全 洞中이 다 밋기로 決心하고 漢文 배호는 書堂 집에셔 쳐음으로 本敎會 創立禮拜을 仝年 八月 二十五日씩 보게 되니 이로부터 젼도人 三人이 連日 전도 講 演과 저녁마다는 셩경과 밋는 법칙을 토론함으로 하나님의 구 원에 門이 광대하게 열니여셔 大活動이 니러낫다

本來부터 사신 우상을 셤기는 습관과 元則이 잇셔셔 어나 洞內던지 陰 九月 九日에는 반다시 신당제사을 정셩껏 하는 法이라

하니, 모인 사람들이 다 좋다고 결정하고, 서울로 사람을 보내서 예수 믿는 선생도 청해 오고 예수교 책도 사오게 하기 위하여 동네 청년 중 김달삼(金達三) 군을 선택한 후, 1896년 7월 초순에 여비를 모아 주며 보내려 할 때에 어떤 분의 말이

"장연(長淵) 대곶면(大串面 지금의 大救面) 소래에도 서양인(西洋人)이 와서 예수교를 전하더라"

고 하니,

"그러면 소래로 가서 알아보고 사실이면 그곳에서 전도인과 책을 사 가지고 오게 하되, 만일 그렇지 않으면 서울로 가라"

고 하면서 장연 소래로 김달삼 군을 보냈다.4)

1896년 8월 25일 쯤에 소래 거주하는 서경조(徐景祚) 장로와 홍종옥(洪鍾玉) 집사와 오씨(吳氏, 이름은 알 수 없음) 교인, 이상 3명과 김달삼(金達三) 군이 와서 전도하는 말을 듣고 온 동네 사람이 다 믿기로 결심하고, 한문(漢文) 배우는 서당(書堂) 집에서 처음으로 본 교회(敎會) 창립예배(創立禮拜)를 같은 해 8월 25일께 보게 되니, 이로부터 전도인 3명이 날마다 전도 강연(講演)과 저녁마다 성경과 믿는 법칙을 토론함으로 하나님의 구원의 문(門)이 광대하게 열려서 큰 활동이 일어났다. 본래부터 사신 우상을 섬기는 습관과 원칙이 있어서 어느 동네든지 음력 9월 9일에는 반드시 신당(神堂) 제사를 정성껏 하는 법이라,

---

4) 허간 목사가 『중화동교회 약사』를 쓴 시기가 밝혀져 있지 않지만, "왔는데" 식으로 쌍시옷을 쓰지 않거나 아래아(ㆍ)자를 전체 문장에서 쓴 것을 보면 아주 오래 전의 기록임을 짐작할 수 있다. 1917년에 허간 목사가 태탄교회에 청빙받아 백령도를 떠나던 시기까지는 중화동교회가 허간 목사 중심으로 백령도에 여러 교회를 설립하는 과정이 자세히 기록되었지만, 그 이후는 중화동교회 역사 중심으로 간략하게 기록되다가, 1928년 허인 장로 장립식에서 마무리되었다. 이 시기에 전체를 기록했을 수도 있고, 허간 목사가 1947년에 중화동교회로 돌아와 당회장이 되면서 초기 역사를 기록했을 수도 있지만, 맞춤법을 보면 1928년에 기록했을 가능성이 더 크다.

此時에도 本 洞中으로 그 일을 하려고 술을 해엿코 소을 사셔 준비해 두엇던 쩌라 徐長老의게 此事를 엇더케 해야 좃켓는가 問則 答이, 술은 걸너서 洞中人들니 末次로 마시고 소는 徐長老가 사기로 하엿다. 故로 당제사는 페지하게 되다.

그럭 그 主日을 지나 九月 十日 後는 전도인 三人은 고향으로 도라가고 이 다음부터는(此後로는) 許得氏와 金成振 先生 두 분이 每主日과 三日禮拜을 인도하며 자미잇게 進行하던 거시다

好事多魔라는 말과 갓치 잘 진전되여 가는 中 큰 시험이 잇게 되엿다. 이곳은 棉花가 업는 곳임으로 一八九七年 八月 二十日 頃에 棉花을 求買해 오기 爲하여 金京女氏의 船便으로 男 三人(李桂瑞氏, 金京文氏, 李有權氏) 女 二人(金尙石氏 母親, 姜太平氏 夫人) 以上 五人이 平南 三和郡 鎭南浦 近方으로 가서 棉花을 求買하여 가지고 오다가 意外에 風浪을 맛나 豊川 津江浦 前에서 破船이 되여 다섯(五人) 분이 全部 仝年 九月 十一日에 변사가 되엿는대 이 소식은 아지 못하고 도라올 쩌가 되여도 아니 온다고 그 분들의 家族과 全 洞中이 連日 기달리던니 九月 晦日끠 津江浦 主人 某氏가 이곳에 우정 와셔 其 不幸事을 傳達함으로 배가 조란을 當하여 船人 전몰됨을 듯고 大驚 騷動하여 云云

"이 셤에셔는 배을 부리니 洞內 신당을 아니 셤길 수 업다."
고 하며

"예수 밋고 당제사을 아니 하엿더니 九月 十一日에 이러한 불상사가 낫스니 이럿케 영금한 당을 엇지 不視 하리오."

이때에도 본 동네에서 그 일을 하려고 술을 담고 소를 사서 준비해 두었다. 서장로(徐長老)에게 "이 일을 어떻게 해야 좋겠는가" 물으니, 대답하기를 '술은 걸러서 동네사람들이 마지막으로 마시고, 소는 서장로가 사기로' 하였다. 그러므로 당제사는 폐지하게 되었다.

그렇게 그 주일을 지나 9월 10일 후에 전도인 3명은 고향으로 돌아가고, 그 뒤부터는 허득씨(許得氏)와 김성진(金成振) 선생 두 분이 매 주일(主日)과 삼일예배(三日禮拜)를 인도하며 재미있게 진행하였다.

호사다마(好事多魔)라는 말과 같이 잘 진전되어 가는 중 큰 시험이 있게 되었다. 이곳은 면화(棉花)가 없는 곳이므로 1897년 8월 20일 쯤에 면화를 구매(求買)해 오기 위하여 김경녀(金京女)씨의 선편(船便)으로 남자 3명(이계서씨李桂瑞氏, 김경문씨金京文氏, 이유권씨李有權氏) 여자 2명(김상석씨金尙石氏 모친, 강태평씨姜太平氏 부인) 이상 5명이 평안남도 삼화군(三和郡) 진남포(鎮南浦) 근방으로 가서 면화를 구매하여 가지고 오다가 뜻밖에 풍랑(風浪)을 만나 풍천(豊川) 진강포(津江浦) 앞에서 파선(破船)이 되어 다섯(5인) 분이 전부 같은 해 9월 11일에 변사(變死)가 되었는데, 이 소식은 알지 못하고 돌아올 때가 되어도 안 온다고 그 분들의 가족과 온 동네가 날마다 기다리더니, 9월 그믐께 진강포(津江浦) 주인 모씨(某氏)가 이곳에 일부러 와서 불행한 사고를 전달하므로 배가 조난을 당하여 선인(船人) 전몰됨을 듣고 크게 놀라 소동하며 말하였다.

"이 섬에서는 배를 부리니, 동네 신당(神堂)을 아니 섬길 수 없다."

"예수 믿고 당제사를 안 했더니 9월 11일에 이러한 불상사가 났으니, 이렇게 영험(靈驗)한 당을 어찌 돌보지 않으리오."

하고 全 洞中이 매유 소란하던니 밋음을 배반하고 다시 擇
日을 하여 당제사을 드리는 등 敎會을 비난하는 등 말을 하며
쩌러질 찍에 信仰이 깁피 드러가고 주의가 든든한 許得氏, 許
根氏. 崔永佑氏, 金興甫氏, 許權氏, 以上 五家族만 변치 아니하
고 그 핍박과 골란 中에 밋고 나아오니 敎會는 매유 미약하게
되엿다.

然故로 五家 食口들니 근근히 書堂 旁에서 禮拜를 보며 지
내던니 一八九七年에 金成振 先生은 流配 期限이 다 되여 自
己 故鄕으로 도라가시고 許老人의 인도로 겨우 지내면서 松川
禮拜堂을 짓고 남은 餘材가 잇다는 말을 듯고 그 材木을 갓다
가 (一八九九年 己亥) 八月에 現在 垈地에 草家 六間을 建築하
난데 五人의 家口 合 三十餘 名이 誠力으로 建立하다. 新 례배
당을 건입하니 敎人의 깃붐은 비할 찍가 업섯다.

一八九八年(戊戌)에 小渴洞 居住하는 金明吉氏 內外가 밋고
每主日 本교회로 열심 出席하며 洞中셔도 몃 가정이 더 밋고
나아옴으로 교회는 더옥 자미가 만흐나 그러나 인도人이 업서
골난 中 許得氏 혼자셔 인도하는 中에 지내다

一九〇〇年 九月에 韓國에 初次로 나온 宣敎師(一八八四年
에 來韓)로 京城와 居留하는 元杜尤牧師씨서 自己 夫人과 長
子 漢京君을 다리고 來臨하여 許得氏 宅에서 처음으로 洗禮
及 學習問答을 하난데 初次 洗禮 밧은 人은 許得, 許根, 崔永
佑,

하고 온 동네가 매우 소란하더니, 믿음을 배반하고 다시 택일(擇日)을 하여 당제사를 드리는 등, 교회를 비난하는 말을 하며 떨어질 때에 신앙이 깊이 들어가고 주의가 든든한 허득(許得)씨, 허근(許根)씨. 최영우(崔永佑)씨, 김흥보(金興甫)씨, 허권(許權)씨, 이상 다섯 가족만 변치 않고 그 핍박과 곤란 중에 믿고 나오니 교회는 매우 미약하게 되었다.

그러므로 다섯 집안 식구(食口)들이 근근히 서당(書堂) 방에서 예배를 보며 지내더니 1897년에 김성진(金成振) 선생은 유배(流配) 기한이 다 되어 자기 고향으로 돌아가시고, 허노인(許老人)의 인도로 겨우 지내면서 송천예배당(松川禮拜堂 소래교회)을 짓고 남은 재목이 있다는 말을 듣고 그 재목(材木)을 가져다가 (1899년 기해) 8월에 현재 대지(垈地)에 초가(草家) 6간을 건축하였는데, 다섯 사람의 가구(家口) 합계 30여명이 성력(誠力)으로 건립하였다. 새 예배당을 건립하니 교인의 기쁨은 비할 데가 없었다.[5]

가을리 시작

1898년(무술년)에 소갈동(小渴洞) 거주하는 김명길(金明吉)씨 내외가 믿고 매주일 본 교회로 열심 출석하며 동네서도 몇 가정이 더 믿고 나아옴으로 교회는 더욱 재미가 많으나, 인도자가 없어 곤란한 가운데 허득(許得)씨 혼자서 인도하며 지냈다.

1900년 9월에 한국에 1차로 나온 선교사(宣敎師 1884년에 내한)로 서울에 거류하는 언더우드(元杜尤 원두우) 목사께서 자기 부인과 장자(長子) 한경(漢京)군을 데리고 찾아와 허득(許得)씨 댁에서 처음으로 세례(洗禮)와 학습문답(學習問答)을 하는데, 1차로 세례(洗禮) 받은 사람은 허득(許得), 히근(許根), 최영우(崔永佑),

---

5) 원문에 "1899년 일과 1898년 일의 기록이 바뀌어 기록되었다."는 주석이 난외(欄外)에 쓰여 있다.

許倫, 許侃, 許權, 金興甫, 以上 七名이 교인이 되엿다. 이로부터 支教會가 成立되다.

臨時로 직원을 선뎡하니 인도人의 許得氏, 유사에 崔永佑, 許倫, 許侃이더라(여) 교회을 지도하며 유지하다.

沙串교회 시작

一九〇一年 春에 本島 東南端에 在한 沙串洞셔 金將立, 金永熙, 金殘突, 金興俊, 金昌吉, 安基仲, 金允光 以上 七人이 自發的으로 本教을 차자와서 예수을 밋겟노라고 自願 決定하고 밋기 시작한 後부터는 風雨 寒雪을 不計하고 午食을 쑤려 가지고 三十里 距里에 每主日 열심으로 出席하며 誠心으로 밋엇다.

福音은 점점 발전되여 本島 西端에서 시작하엿던니 北으로 加乙里, 東南端인 沙串에까지 복음에 씨가 싹이 나기 시작하니, 不遠하여 全島 內에 教會가 大振興이 될 예표이다. 아멘.

一九〇一年 秋에 長淵 松禾 視察會셔 의론하고 長淵郡 薪花面 西儀洞教會 居住하시는 韓廷一 先生이 전도人으로 파송을 밧아와서 本教會와 沙串, 加乙里 三쳐 教人을 지도하며 시간이 잇는 대로는 長村, 鎭村, 化洞 各 洞里 단니며 열심 전도하다.

그럼으로 本洞에서도 새로 밋고 나오는 신者가 점점 만하지고 此時 堂會長은 美國人 宣教師 史佑業씨 되엿다.

허륜(許倫), 허간(許侃), 허권(許權), 김흥보(金興甫), 이상 7명이 교인이 되었다. 이로부터 지교회(支敎會)가 성립되다.

임시로 직원을 선정하니 인도자에 허득(許得)씨, 유사(有司)에 최영우(崔永佑), 허륜(許倫), 허간(許侃)이 교회를 지도하며 유지하였다.

사곶(沙串)교회 시작

1901년 봄에 본도 동남단(東南端)에 있는 사곶동(沙串洞)에서 김장립(金將立), 김영희(金永熙), 김잔돌(金殘突), 김흥준(金興俊), 김창길(金昌吉), 안기중(安基仲), 김윤광(金允光) 이상 7명이 자발적으로 본 교회를 찾아와서 '예수를 믿겠노라'고 자원(自願) 결정하고 믿기 시작한 후부터는 풍우(風雨) 한설(寒雪)을 가리지 않고 오식(午食)을 꾸려 가지고 30리 거리에 매주일 열심히 출석하며 성심으로 믿었다.

복음(福音)은 점점 발전되어 본도 서단(西端)에서 시작하였더니 북(北)으로 가을리(加乙里), 동남단(東南端)인 사곶(沙串)에까지 복음의 씨가 싹이 나기 시작하니, 머지않아 온 섬 안에 교회(敎會)가 크게 진흥(振興)할 예표이다. 아멘.

1901년 가을에 장연(長淵) 송화(松禾) 시찰회(視察會)에서 의론하고 장연군(長淵郡) 신화면(薪花面) 서의동교회(西儀洞敎會) 거주하시는 한정일(韓廷一) 선생이 전도인으로 파송을 받아와서 본교회와 사곶(沙串), 가을리(加乙里) 세 곳 교인을 지도하며 시간이 있는 대로 장촌(長村), 진촌(鎭村), 화동(化洞) 각 동네에 다니며 열심히 전도하였다.

그러므로 본 동네에서도 새로 믿고 나오는 신자가 점점 많아지고, 이때 당회장(堂會長)은 미국인(美國人) 선교사(宣敎師) 사우업(史佑業 Sharp, Charles Edwin. 1870~1952)씨가 되었다.

化洞교회 시작

一九〇三年에 化洞 居住하ᄂᆞᆫ 崔大守, 崔益賢, 崔益三 以上 三氏가 自發的으로 ᄯᅩ 本 敎會에 차자와서 예수을 밋겟노라고 決定하고 每主日 出席하ᄂᆞᆫ데 其 翌年인 一九〇四年에ᄂᆞᆫ 崔益奉 少年도 갓치 와서 밋기로 작뎡하엿다. 仝年에 松川敎會 長老로 殷栗郡 地方 助師 일 보시ᄂᆞᆫ 徐相逢氏가 와서 第一次로 사경회을 인도하심으로 큰 부흥이 니러나시며, 이로부터 교인이 점점 만하지ᄂᆞᆫ데, 加乙里 金明吉氏 內外분은 이곳으로 移舍까지 와서 밋으며, ᄯᅩ 加乙里 崔仁秀氏 內外가 밋기로 작뎡하고 每主日 往來하니, 金明吉氏가 도로 自己 本洞으로 가서 갓치 밋으며 主日에ᄂᆞᆫ 이곳으로 잘 단니다

一九〇四年에 韓廷一 뎐도人은 여러 해 동안 잇시며 일을 만히 하여시나 本 敎會셔는 원치 아니하지만 옴기게 되여 不可不 고향으로 도라가시게 되여서 彼此에 셔온한 중 ᄯᅥ나게 되다.

진촌교회 시작

一九〇四年 本敎 靑年 許倫, 許侃 外 敎人 몃 사람이 鎭村 잿등에서 大衆을 集合하고 뎐도 강연을 하며 個人 뎐도을 하여 몃 사람이 밋기로 작뎡을 하여스나, 鎭村과 이곳과에 거리가 먼 故로 다 단니지를 못하고, 其 中에서 李允範, 張成錄 二人이 건전한 신앙으로 本 敎會에 每 主日 단니며 례배을 보고 저녁에ᄂᆞᆫ 李允範 家에서 례배을 보아시며

화동(化洞)교회 시작

1903년에 화동(化洞) 거주하는 최대수(崔大守), 최익현(崔益賢), 최익삼(崔益三) 이상 3명이 자발적으로 또 본 교회에 찾아와서 '예수를 믿겠노라'고 결정하고 매주일 출석하는데 그 이듬해인 1904년에는 최익봉(崔益奉) 소년도 같이 와서 믿기로 작정하였다.

같은 해에 송천교회(松川敎會) 장로로 은율군(殷栗郡) 지방 조사(助師) 일 보시는 서상봉(徐相逢)씨가 와서 제1차로 사경회(査經會)를 인도하시므로 큰 부흥이 일어났으며, 이로부터 교인이 점점 많아지는데, 가을리(加乙里) 김명길(金明吉)씨 내외분은 이곳으로 이사(移舍)까지 와서 믿으며, 또 가을리 최인수(崔仁秀)씨 내외가 믿기로 작정하고 매주일 왕래하니, 김명길(金明吉)씨가 도로 자기 동네로 가서 같이 믿으며 주일에는 이곳으로 잘 다녔다.

1904년에 한정일(韓廷一) 전도인은 여러 해 동안 있으며 일을 많이 하였으나, 본 교회서는 원치 않지만 옮기게 되어 불가불 고향으로 돌아가시게 되어서 피차에 서운한 중 떠나게 되었다.

진촌교회 시작

1904년 본 교회 청년인 허륜(許倫), 허간(許侃) 외 교인 몇 사람이 진촌(鎭村) 잿등에서 대중을 집합하고 전도 강연을 하며 개인 전도를 하여 몇 사람이 믿기로 작정하였으나, 진촌과 이곳(중화동)의 거리가 멀므로 다 다니지를 못하고, 그 중에서 이윤범(李允範), 장성록(張成錄) 2명이 건전한 신앙으로 본 교회에 매 주일 다니며 예배를 보고, 저녁에는 이윤범 집에서 예배를 보았다.

沙串교회 分立

一九〇五年에 沙串敎會가 分立하게 되니 진촌 교인 몃 사람을 沙串으로 단니게 하고 그 敎會도 연합하여 주다.

一九〇五年 十月에 堂會長 史佑業 牧師가 와서 敎會 일을 하는데 初次로 직원을 선뎡하니 崔永佑, 許倫, 許侃 以上 三人을 初次 執事로 셰우니, 敎勢가 漸漸 왕셩하고 쏘 공고하여지다.

一九〇六年은 如前하고 別 일은 업다.

一九〇七年에는 朝鮮人으로 初次 牧師 된 七人 中에 一人인 徐景祚 牧師가 本 敎會 堂會長이 되엿시며, 仝年에 쏘 長淵郡 大救面 松川敎會 勸師 郭貴聖氏 女史가 本 敎會 젼도인으로 와서 一年간 교회을 인도하며 젼도하여 敎人이 增加되여시며, 仝年에 金興甫氏가 執事로 쏘 被選되엿다.

一九〇八年에 本 敎會로서 靑少年들의게 敎育할 기관이 업슴을 유감으로 생각하고, 沙串敎會와 열낙을 하여 新學文을 배호는 學校을 設立하게 하기로 의논을 한 後, 許倫. 許侃 兩 靑年이 率先하여 長淵 郡守 李寅奎氏의게 學校 設立할 진정書와 認可 申請書을 提出하엿던니 열다 后에 黃海道 知使의 名儀로 白翎西海第一學校로 認可가 나와서 學校을 設立하니 白翎에 처음으로 新敎育이 시작되다.

敎長에 許倫, 敎師에 許侃, 校舍는 中和洞 禮拜堂 東便 二旁으로 하고, 開校을 하니, 學生은 沙串, 本 敎會 兩敎 靑少年 十세로 二十四세까지 合 三十五名이나 되며, 如此하게 공부을 하

사곶(沙串)교회 분립

1905년에 사곶교회(沙串敎會)가 분립하게 되니 진촌 교인 몇 사람을 사곶으로 다니게 하고, 그 교회도 연합하여 주었다.

1905년 10월에 당회장(堂會長) 사우업(史佑業) 목사가 와서 교회 일을 하는데, 제1차로 직원을 선정하였다. 최영우(崔永佑), 허륜(許倫), 허간(許侃) 이상 3명을 제1차 집사(執事)로 세우니, 교세(敎勢)가 점점 왕성하고 또 공고하여졌다.

1906년은 여전하고 별 일은 없었다.

1907년에는 조선인(朝鮮人)으로 제1차 목사(牧師) 된 7명 중에 한 명인 서경조(徐景祚) 목사가 본 교회 당회장이 되었으며, 같은 해에 또 장연군(長淵郡) 대구면(大救面) 송천교회(松川敎會 소래교회) 권사(勸師) 곽귀성(郭貴聖) 여사가 본 교회 전도인으로 와서 1년간 교회를 인도하며 전도하여 교인이 증가되었으며, 같은 해에 김흥보(金興甫)씨가 집사(執事)로 또 피선되었다.

1908년에 본 교회에 청소년들에게 교육할 기관이 없음을 유감으로 생각하고, 사곶교회와 연락을 하여 신학문(新學文)을 배우는 학교를 설립하기로 의논을 한 후, 허륜. 허간 양 청년이 솔선하여 장연(長淵) 군수 이인규(李寅奎)씨에게 학교를 설립할 진정서와 인가 신청서를 제출하였더니 열 달 후에 황해도 지사의 명의로 백령서해제일학교(白翎西海第一學校)로 인가가 나와서 학교를 설립하니 백령(白翎)에 처음으로 신교육이 시작된다.

교장에 허륜, 교사에 허간, 교사(校舍)는 중화동 예배당 동편 2방(旁)으로 하고, 개교(開校)를 하니, 학생은 사곶(沙串), 본 교회 양교 청소년 10세로 24세까지 합 35명이나 되며, 여차(如此)하게 공부를 하게 하니,

게 하니, 白翎에 新文明이 開發함으로 큰 영양이 잇섯다.

一九一〇년 八月에 朝鮮이 日本과 合倂하게 됨으로 因하여 國家 及 政治에 大전환이 되여스니 靑年들니 공부하기도 어렵고 敎會가 日本 警官의 注目을 밧게 되어 學校 경영이 골란한 고로 不得已 一九一一年 春에 自然히 閉校하게 되엇다.

一九一二年에 蓮池洞서 丁斗寫(金千石 祖母) 許善梅(金能寬 祖母) 二女史들니 예수 밋기로 결심하고 열심으로 每主日 本 敎會에 出席하엿다.

以上을 보면 沙串, 鎭村, 化洞, 加乙里, 蓮池洞, 五處 敎會에 初次로 福音의 씨가 本敎會로부터 파종이 되어 멧 名式 밋고 미약한 듯하여스나 이들니 忠心으로 밋고 열심으로 밋고 일한 결과로 現今에는 大敎會들니 嚴然히 나타나스니 大哉라. 참신 하나님의 사랑 구원하신 은혜을 찬송할 거시로다. 장하도다. 初次로 밋고 핍박과 골란을 밧으며 참고 이기며 밋음의 토대을 잘 세우신 분들을 기리 송축하리로다. 故로 지금도 복음의 말삼을 힘써 전하기를 用力하자.

一九一二年 秋에 堂會長 史佑業 牧師가 와서 敎會 일을 하며 직원을 改善하는데 쳐음으로 領袖을 세우난대 許倫氏요, 執事는 崔永佑, 許侃, 金興甫, 許應俶, 以上 四人으로 擇定되다.

仝年에 本敎會 견도사로 信川郡 弓興面 寺栗洞敎會 居住하는 崔賢植氏와 其 夫人 禹氏 內外 분이 來臨하여 일을 보시는데 各處에 널여 잇는 敎人들을 잘 지도하며 열심으로 일하여 沙串과 本敎 兩 敎會가 復興케 되다.

백령에 신문명(新文明)이 개발함으로 큰 영향이 있었다.

1910년 8월에 조선이 일본과 합병하게 됨으로 인하여 국가와 정치에 큰 전환이 되었으니, 청년들이 공부하기도 어렵고 교회가 일본 경관의 주목을 받게 되어 학교 경영이 곤란하므로 부득이 1911년 봄에 자연히 폐교(閉校)하게 되었다.

1912년에 연지동(蓮池洞)에서 정두사(丁斗寫, 김천석金千石 조모), 허선매(許善梅, 김능관金能寬 조모) 두 여사(女史)들이 예수 믿기로 결심하고 열심히 매주일 본 교회에 출석하였다.

이상을 보면 사곳(沙串), 진촌(鎭村), 화동(化洞), 가을리(加乙里), 연지동(蓮池洞), 다섯 군데 교회에 제1차로 복음(福音)의 씨가 본교회로부터 파종이 되어 몇 명씩 믿고 미약한 듯하였으나 이들이 충심으로 믿고 열심히 믿고 일한 결과로 지금에는 큰 교회들이 엄연히 나타났으니, 위대하도다. 참 신(神)이신 하나님의 사랑과 구원하신 은혜를 찬송할 것이로다. 장하도다. 처음으로 믿고 핍박과 곤란을 받으면서도 참고 이기며 믿음의 토대를 잘 세우신 분들을 길이 송축하리로다. 그러므로 지금도 복음의 말씀을 힘써 전하자.

1912년 가을에 당회장(堂會長) 사우업(史佑業) 목사가 와서 교회 일을 하며 직원을 개선(改善)하였다. 처음으로 영수(領袖)를 세웠으니 허륜(許倫) 씨요, 집사(執事)는 최영우(崔永佑), 허간(許侃), 김흥보(金興甫), 허응숙(許應俶), 이상 4명을 선택하여 정하였다.

같은 해에 본 교회 전도사로 신천군(信川郡) 궁흥면(弓興面) 사율동교회(寺栗洞敎會) 거주하는 최현식(崔賢植) 씨와 그의 부인 우씨(禹氏) 내외분이 와서 일을 보셨는데, 각처에 널려 있는 교인들을 잘 지도하며 열심으로 일하여 사곳(沙串)과 본교 두 교회가 부흥케 되었다.

一九一四年 六月에 不幸히도 領袖 許倫氏가 別世함으로 教會가 매유 셔오하게 지내엿시며, 仝年에 小加乙洞 朴正寬氏 內外 분이 밋기로 작뎡하고 每 主日 本 教會로 出席하다.

一九一四年 秋에 堂會長 史佑業 牧師가 來臨하여 教會 일을 하는데, 領袖는 許侃, 執事는 최영우, 김흥보, 허응숙, 勸察 李根信, 白權信, 徐興信, 以上을 改選하여 教會에 광고하다.

一九一五年은 별일 업시 如前하다.

一九一六年에 崔賢植 助師는 本 教會 視務을 사면하고 不得已 故鄕인 信川으로 도라가게 되니 其這 四年間 崔助師 內外 분이 誠心 教役을 하며 전도하는 中 沙串도 教人이 만히 增加되엿고 本洞에는 全京學氏 家族을 爲始하여 여러 가정이 밋게 되여 매유 자미잇게 지내던니 意外에 최조사가 쩌나게 되니 教人들은 牧者을 일은 羊과 갓치 되여서 오히여 쩌나가고 말랏다.

一九一六年 秋에 本教會에서 길르고 자라는 領袖 許侃을 長松시찰회 決議로 本教會와 沙串 兩 教會 助師로 일보게 되여 매유 깃부게 되엿다. 그리고 仝年 冬期 黃海老會로서 本教會 長老 一人 셰우기로 허락까지 밧게 되니, 교회는 1칭 더 빗나고 흥왕케 되다.

1914년 6월에 불행하게도 허륜(許倫) 영수(領袖)가 세상을 떠나므로 교회가 매우 서운하게 지냈다. 같은 해에 소가을동(小加乙洞) 박정관(朴正寬) 씨 내외분이 믿기로 작정하고 매 주일 본 교회로 출석하였다.

1914년 가을에 당회장(堂會長) 사우업(史佑業) 목사가 와서 교회 일을 하는데, 영수(領袖)는 허간(許侃), 집사(執事)는 최영우, 김흥보, 허응숙, 권찰(勸察)은 이근신(李根信), 백권신(白權信), 서흥신(徐興信), 이상을 다시 선출하여 교회에 광고하였다.

1915년은 별일 없이 여전하였다.

1916년에 최현식(崔賢植) 조사(助師)는 본 교회 시무(視務)를 사면하고 부득이 고향인 신천(信川)으로 돌아가게 되니6), 그동안 4년간 최조사(崔助師) 내외 분이 성심껏 교역(敎役)을 하며 전도하는 가운데 사곶(沙串)도 교인이 많이 증가되었고, 본 동에는 전경학(全京學)씨 가족을 위시하여 여러 가정이 믿게 되어 매우 재미있게 지내더니 뜻밖에 최조사가 떠나게 되니 교인들은 목자(牧者)를 잃은 양(羊)과 같이 되어서 떠나가고 말았다.

1916년 가을에 본교회에서 기르고 자라는 영수(領袖) 허간(許侃)을 장송(長松)시찰회 결의로 본교회와 사곶(沙串) 두 교회 조사(助師)로 일보게 되어 매우 기쁘게 되었다. 그리고 같은 해 동기(冬期) 황해노회(黃海老會)에서 본교회 장로 1명을 세우기로 허락까지 받게 되니, 교회는 한층 더 빛나고 흥왕케 되었다.

---

6) 최현식 조사는 이때 고향 신천으로 돌아가 문화읍교회를 시무하였으며, 허응숙 집사는 1916년 재령성경학교를 졸업한 뒤에 문화읍교회에 청빙받아 조사로 목회하다가 삼일만세운동에 함께 참여하여 옥고를 치렀다. 판결문에는 '47세 최현식'이 가장 앞에 적혀 있고, '31세 허응숙'이 가장 뒤에 적혀 있다.

一九一七年 春에 堂會長 史우업 목사가 來臨하여 교회 일을 하ᄂᆞᆫ데 共同의회을 열고 長老 投票을 하ᄂᆞᆫ 結果 許侃이 被選되여시며 소年 황해노회 夏期老會 時에 長老 시취한 결과 合格이 됨으로 감사히 생각하다.

一九一七年 秋에 堂會長 史佑業 牧師 代理로 徐景祚 牧師가 來臨하여 임의 피택되여 老會서 문답하고 허락밧은 許侃의게 長老將立式을 성대히 擧行하니, 이로부터 本교회가 처음으로 堂會가 조직되여시니, 堂會로서 최영우씨을 영수로, 全京學 許仁 兩人을 執事로 增員하기로 결뎡하고 교회에 광고하다.

소年에 化洞에 敎人이 만흠으로 因하여 處所會 집 草家 六間을 건축하고 本 교회 쳐소회로 모히게 하엿스며, 地方 시찰회로서 本 助師요 長老인 許侃을 소年 十一月 頃에 不可不 長淵 苔灘교회로 보내여야 태탄교회을 보존하게 됨으로 本 교회 일은 사면케 하고 태탄으로 가게 하엿스니 白翎 몃 교회는 적지 안케 타격을 밧게 되엿다.

一九一八年에 鳳山郡 萬泉面 楡洞敎會 居住하시던 金允漸 牧師끠서 來臨하여 本 敎會와 沙串敎會 兩處을 熱心으로 視務하ᄂᆞᆫ 中 本 교회 處所會인 化洞까지 도라보ᄂᆞᆫ 中 本洞에 밋지 안턴 분들니 만히 밋게 됨으로 敎會가 復興이 되ᄂᆞᆫ 중 李東涉 君이 밋기로 작뎡하고 열심히 出席하니 더욱 자미가 만타.

一九一九年에 本 敎會은 如前이 進興되여 日就月長하나 씨ᄂᆞᆫ 己未年 大韓獨立萬歲 事件으로 倭警의게 敎會가 注目을 밧게 되니 殷殷히 골란을 만히 밧으나 靈的으로는 더욱 强力한 信仰의 大運動이 니러낫다.

1917년 봄에 당회장 사우업 목사가 와서 교회 일을 하는데, 공동의회를 열고 장로 투표(長老投票)를 한 결과 허간(許侃)이 피선(被選)되었으며, 같은 해 황해노회 하기 노회(夏期老會) 때에 장로(長老) 시취(試取)한 결과 합격이 되므로 감사히 생각하다.

1917년 가을에 당회장 사우업(史佑業) 목사 대리로 서경조(徐景祚) 목사가 와서 이미 피택되어 노회에서 문답하고 허락받은 허간(許侃)에게 장로 장립식(長老將立式)을 성대히 거행하니, 이로부터 본교회가 처음으로 당회가 조직되었으니, 당회에서 최영우씨를 영수로, 전경학(全京學)과 허인(許仁) 두 사람을 집사로 증원(增員)하기로 결정하고, 교회에 광고하였다.

같은 해에 화동(化洞)에 교인이 많음으로 인하여 처소회(處所會) 집 초가(草家) 6간을 건축하고 본 교회 처소회로 모이게 하였으며, 지방 시찰회에서 본교회 조사(助師)요 장로인 허간(許侃)을 같은 해 11월 쯤에 불가불 장연(長淵) 태탄(苔灘)교회로 보내어야 태탄교회를 보존하게 됨으로 본 교회 일은 사면케 하고 태탄으로 가게 하였으니, 백령(白翎) 몇 교회는 적지 않게 타격을 받게 되었다.

1918년에 봉산군(鳳山郡) 만천면(萬泉面) 유동교회(楡洞敎會) 거주하시던 김윤점(金允漸) 목사께서 내림하여 본 교회와 사곶교회(沙串敎會) 두 군데를 열심으로 시무하는 중 본 교회 처소회인 화동(化洞)까지 돌아보니, 우리 동네에 믿지 않던 분들이 많이 믿게 되므로 교회가 부흥이 되는 중, 이동섭(李東涉)군이 믿기로 작정하고 열심히 출석하니 더욱 재미가 많았다.

1919년에 본 교회는 여전히 진흥되어 일취월장(日就月長)하였으나, 때는 기미년 대한독립만세(大韓獨立萬歲) 사건으로 왜경(倭警)에게 교회가 주목을 받게 되니 은은히 곤란을 많이 받았으나, 영적(靈的)으로는 더욱 강력한 신앙의 대운동이 일어났다.

一九二十年 教會에는 별일이 업셔스나, 本 教會에 長老이던 許侃씨네 家族까지 視務하는 教會 소재디 長淵郡 苔灘교회로 搬移하게 됨으로 教會 젼반이 서오함은 말할 여지가 업지만, 본 堂會까지 虛位가 되다. 또 教役者 金允漸 牧師도 사면하고 長淵郡 大救面 松川教會로 移居하다.

一九二一年에 松禾邑 居住하시는 金德會 牧師씌셔 來臨하여 視務하시게 되여시며, 加乙里셔 단니던 教人들니 增加됨으로 熱心 연보하여 大加乙洞에 鉛瓦집 六間을 짓고 金益祥氏와 영수 崔秉俊의 인도로 本 教會 處所會로 시작되다.

一九二二年에 本 教會가 虛位로 되여 잇슴을 유감으로 本 黃海老會셔 生覺하시고 長老를 選擇하라고 하셔스나, 아직 被擇밧을 분이 업슴으로 몃 해 더 유만하기로 하여시며, 本 教會 執事이던 許仁氏와 金京學氏 二人을 領袖로 視務케 하고, 執事 몃 분을 增加하니, 教勢는 점점 振興되나 事情上 金德會 牧師님씌셔는 松禾邑教會로 가시게 되여 教人들의 서오함은 말할 수가 업스나 秋期에 不得已 시무를 사면하시고 떠나시다.

一九二三年에는 熱心 만흐신 金正默 牧使씌셔 來臨하여 視務하시다. 본 禮拜堂이 初次에 지엇던 草家인 고로 退落도 되엿지만 또 教人은 年年이 增加하여 협착함으로 教人들이 熱心 연보하여 本 垈地에 當時 壹仟원 가량으로 鉛瓦집 十二間(二十坪 가량)을 再建築하여시며, 鎭村도 同年에 鉛瓦집으로 十二間 禮拜堂을 新築하다.

1920년 교회에는 별일이 없었으나, 본 교회에 장로이던 허간 (許侃)씨네 가족까지 시무하는 교회 소재지 장연군(長淵郡) 태탄 (苔灘)교회로 이사하게 됨으로 교회 전반이 서운함은 말할 여지가 없었지만, 본 당회까지 허위(虛位)가 되다. 또 교역자 김윤점(金允 漸) 목사도 사면하고 장연군(長淵郡) 대구면(大救面) 송천교회(松 川敎會)로 이거(移居)하였다.

1921년에 송화읍(松禾邑) 거주하시는 김덕회(金德會) 목사께서 부임하여 시무하시게 되었으며, 가을리(加乙里)에서 다니던 교인 들이 증가됨으로 열심히 연보하여 대가을동(大加乙洞)에 연와(鉛 瓦 함석)집 6간을 짓고, 김익상(金益祥)씨와 영수 최병준(崔秉俊) 의 인도로 본 교회 처소회로 시작되었다.

1922년에 본 교회가 허위(虛位)로 되어 있음을 유감으로 본 황 해노회(黃海老會)에서 생각하시고 장로를 선택하라고 하셨으나, 아직 피택(被擇)받을 분이 없음으로 몇 해 더 유만하기로 하였으 며, 본 교회 집사(執事)이던 허인(許仁)씨와 김경학(金京學)씨 두 사람을 영수(領袖)로 시무케 하고, 집사 몇 분을 증가하니, 교세 (敎勢)는 점점 진흥되었다.
그러나 사정상 김덕회(金德會) 목사님께서는 송화읍교회(松禾邑 敎會)로 가시게 되어 교인들의 서운함은 말할 수가 없었으나, 추 기(秋期)에 부득이 시무를 사면하시고 떠나셨다.
1923년에는 열심 많으신 김정묵(金正默) 목사께서 부임하여 시 무하셨다. 본 예배당(禮拜堂)이 처음에 지었던 초가(草家)이므로 퇴락도 되었지만 또 교인은 연년이 증가하여 협착함으로 교인들 이 열심히 연보하여 본 대지(垈地)에 당시 1천○ 가량으로 연와 (鉛瓦 함석)집 12간(20평 가량)을 재건축하였으며, 진촌(鎭村)도 같은 해에 연와(鉛瓦 함석)집으로 12간 예배당을 신축하였다.

一九二四年에는 별일 업시 如前히 지내다.

一九二五年에 金正默 牧師는 黃海老會로서 전도牧師로 平山郡 漏川江을 中心하고 新開척 전도하기로 작정되여 老會 命令으로 派送함을 밧으니, 不可不 써나게 되고, 同年에 安岳邑 居住하는 李恒燮 전도사가 와서 시무케 되여 열심이 일함으로 全 洞中이 거진 다 밋게 되다.

同年에 敎會로서 日新私塾을 쏘 다시 設立하고 敎師은 長淵郡 樂道面 地境洞교회 靑年 金容國君을 請하여 靑少年을 모아서 新學文 敎育을 시작하니 學徒가 多數히 就學하다.

一九二六年에 李恒燮 전도사는 가고 金宗三 牧師끠서 堂會長 兼 視務하시다. 他事는 別無하고, 仝年 夏期 黃海老會에서 다시 許諾밧은 長老을 堂會長 金宗三 牧師끠서 十一月 二十八日 主日에 聖禮을 擧行하고 長老投票을 하니 許仁, 李東涉 兩人이 被選되다.

一九二七年 秋期 黃海老會 時에 本 교회 被擇 長老 李東涉氏가 시취 문답하여 合格되엿슴으로 仝年 十二月 十八日에 本牧師와 視察長 金斗憲 牧師 司會로 長老 將立式을 성대히 擧行하니, 此로부터 七年간 虛位되엿던 本 堂會가 계속케 되다.

1924년에는 별일 없이 여전히 지냈다.

1925년에 김정묵(金正默) 목사는 황해노회(黃海老會)에서 전도 목사로 평산군(平山郡) 누천강(漏川江)을 중심하고 신개척 전도하기로 작정되어 노회(老會) 명령으로 파송함을 받으니, 불가불 떠나게 되고, 같은 해에 안악읍(安岳邑) 거주하는 이항섭(李恒燮) 전도사가 와서 시무케 되어 열심이 일하므로 온 동네가 거진 다 믿게 되었다.

같은 해에 교회에서 일신사숙(日新私塾)을 또 다시 설립하고, 교사는 장연군(長淵郡) 낙도면(樂道面) 지경동(地境洞)교회 청년 김용국(金容國)군을 청하여 청소년을 모아서 신학문(新學問) 교육을 시작하니 학도(學徒)가 많이 취학(就學)하였다.

1926년에 이항섭(李恒燮) 전도사는 떠나고 김종삼(金宗三) 목사께서 당회장 겸 시무하셨다. 다른 일은 별로 없고, 같은 해 하기(夏期) 황해노회(黃海老會)에서 다시 허락받은 장로를 당회장 김종삼(金宗三) 목사께서 11월 28일 주일에 성례(聖禮)를 거행하고 장로투표(長老投票)를 하니 허인(許仁), 이동섭(李東涉) 두 사람이 피선(被選)되었다.

1927년 추기(秋期) 황해노회(黃海老會) 때에 본 교회 피택(被擇) 장로(長老) 이동섭(李東涉)씨가 시취 문답하여 합격되었으므로 같은 해 12월 18일에 본 교회 목사와 시찰장(視察長) 김두헌(金斗憲) 목사 사회(司會)로 장로(長老) 장립식(將立式)을 성대히 거행하니, 이때부터 7년간 허위(虛位)되었던 본 당회가 계속케 되었다.

一九二八年 春期 黃海老會 時에 本 被擇 長老 許仁氏도 老會에 가셔 問答하여 合格이 되여, 仝年 六月 十日 主日에 本敎會 牧師 金宗三氏와 宣敎師 裴義林氏 司會 下에 許仁長老 將立式을 左記 順序와 如히 자미잇게 擧行하다.

記

一. 찬송 三十二章

二. 긔도 金宗三 목사

三. 성경 봉독

四. 설교 배의림 목사

1928년 춘기(春期) 황해노회(黃海老會) 때에 본 교회 피택 장로 허인(許仁)씨도 노회에 가서 문답하여 합격이 되어,

　　같은 해 6월 10일 주일에 본 교회 목사 김종삼(金宗三)씨와 선교사(宣敎師) 배의림(裴義林)씨 사회 하에 허인 장로(許仁長老) 장립식(將立式)을 좌기(左記) 순서(順序)와 같이 재미있게 거행하였다.

　　기(記)
　　1. 찬송 32장
　　2. 기도 김종삼 목사
　　3. 성경 봉독
　　4. 설교 배의림 목사

* 중화동교회를 거쳐 간 목회자와 당회장, 교사 가운데 널리 알려지지 않은 몇 분을 소개한다.

김용국(金容國)

1903년 장연군 낙도면에서 김학수 씨의 차남으로 출생했고, 한문공부를 하였으며, 붓글씨를 잘 썼다. 천재라는 소리를 들으며 숭실학교를 졸업하고 18세에 고향 지경동교회 주일학교 부장직을 맡아서 일할 때 백령도의 허간 전도사(後에 목사, 평신16기, 1922년 졸업 후 목사가 됨)에게 발탁되어 백령도에서 전도사로 사역했고, 1927년에 평양신학에 입학하였으나 농촌목회 때문에 14년 만에 졸업하고 1940년 35회 황해노회에서 목사 안수를 받았다. 장연군 목감교회와 은행동교회를 14년간 시무하고, 1949년 해주, 벽성지구 노회산하 가장 취약한 곳에 전도목사로 파송됐다.

그곳에서 교회를 크게 부흥시키는 중에 6.25전쟁이 일어났다. 어느 날 공산당들이 김 목사 집으로 와서 김 목사를 처형장소로 끌고 갔다. 김용국 목사는 그곳에서 공산당들을 향하여 전도했다.

"예수 믿고 천당 가시오. 예수 믿지 않으면 지옥 불에 들어갑니다."

이 소리를 들은 공산당들은 김 목사를 그냥 두지 않고 몽둥이로 때려서 죽게 만들었던 것이다. 아들 삼남, 김관중은 6.25때 아버지를 따라 순교했으며 남은 유족은 그 후 월남하여 장남 김항중은 선유중앙교회(파주) 장로로 장립되어 섬기며, 6남 김귀중은 목사로 인천 인성교회 시무 목사로 사역했다. - 황기식 목사, 「황해도 교회사(30)」, 『가스펠 투데이』

52

김정묵(金正默)

　1886년 송화에서 출생했고, 1907년 천주교에서 개종, 평양신학에 입학하여 12기(1919년 졸업)로 졸업하고 1920년 7월 6일 제18회 황해노회에서 목사안수를 받고 시무했다.

▲ 김정묵 목사(왼쪽)가 중화동교회 목회 46년 뒤인 1969년에 허응숙 목사(당시 조사) 팔순 잔치에 참석하여 기도하였다.

　장연군 상은동교회, 송화군 기산교회 1923년까지 시무했고 평양지방 전도 목사로 순회했으며 1925년부터 백령도교회, 흥형리교회, 평촌교회, 송화읍교회를 시무했다. 1928년 평양신학교 연구과를 졸업하고 1933년부터 무당교회, 차촌교회, 칠동교회를 시무했고, 1950년 6.25가 일어나자 1951년 월남하여 인천중앙교회를 창립하였다. 1931년 황해노회장을 역임했고, 1960년 83회 황해노회장을 또다시 역임하였다. 황해노회 공로 목사로 추대되었다. 전국 각지에 다니며 부흥회를 많이 인도했고, 1972년 4월 25일 소천했다. - 황기식 목사, 「황해도 교회사(30)」, 『가스펠 투데이』

배의림(裴義林)

월리엄 M. 베어드 Jr는 1897년 서울에서 북장로회 한국선교사 월리엄 M. 베어드와 애니 L. 베어드의 2남으로 출생하였다. 그해 10월 부모님이 평양으로 사역지를 옮기면서 그곳에서 유년 시절을 보낸다.

이후 학업을 위해 미국으로 건너간 월리엄은 매사추세츠주 노스필드의 마운트허몬 남자고등학교와 우스터대학을 거쳐 프린스턴대학교에서 석사(M.A.) 과정을 마쳤다.

1919년 아버지가 나온 맥코믹신학교에 입학한 월리엄은 그곳에서 2년간 신학수업을 받은 후 1921년 프린스턴신학교로 옮겨 이듬해 졸업한다. 졸업 후 뉴브룬스윅노회에서 목사안수를 받고 북장로회 한국선교사로 임명된 그는 1923년 9월 4일 내한하였다.

내한 후 재령 선교부로 부임한 월리엄은 그곳을 중심으로 순회전도 권서사역 관리 및 성경교육 사역을 감당하면서 재령 남자성경학교 교장을 역임하였다. 또한 신약성경 개정위원으로 한글성경 번역에도 공헌한다.

일제의 심사참배 강요와 선교사들에 대한 압박이 거세지던 1939년 월리엄은 평양 선교부로 옮겨 그곳에서 1년간 선교사역을 감당했다. 그러나 건강악화로 이듬해 한국을 떠나 미국으로 귀국하였다.

이후 1942년부터 3년간 멕시코 선교사로 섬겼으며, 1946년 한국선교사에서 은퇴한 그는 미국에서 여생을 보내던 중 1987년 8월 5일 90세로 소천한다. 그의 유해는 한국으로 돌아와 양화진 묘지에 안장되었다. - 한국기독교사연구소 홈페이지

2장
백령 중화동교회 약사 영인본

本島上古史는 參考헐 바이 別로이 업고 白翎畧
史 中古史을 旦아 李朝世宗大王十年頃에 忠淸
全羅黃海道 等地에서 生活苦難으로 糊口之策
을 解決하기 為하야 人稀한 曠한 島嶼을 차자
살 길을 ᄎᆞᆫ고 此島에 付 臨時 居住하다가 永居케
되엿다. 位置는 韓國西端黃海 바다 中에 在하는데
周緯水百二十餘里(조선리수로)오 東西水三十五里오南
北이二十里가량되는 美麗한 佳仙이며 他에 第一近接
里되고 그이 百餘里水되니 孤島라고도 할수있고 青
國과 주경다대이니 위험한관계도되고 가서...다
官制조正 海軍中将(堂上三品)이 行海軍僉節制使

即文武司法專制官으로 行政을 指導하게되니 君住

民들은거진 無政府狀態이며 上官인 關係上 奏

昧하느일 더욱 甚하게하느거시 五百餘年을 지내오

된니 一八九四年(甲午)에 金使를 到하고 참으로 政治指

導를 完全치못하니 民心을 더욱 荼毒하여지고 外来不

良徒輩等과 所謂 官廳괄게者들이 만히 往来하며

住民들의게 가진 虐待와 捉取로 困하여 苦痛을

주는거시 太多하며 島民은 本来 無政狀態임으로 倫

理道德이 부패하다십히되야 虛灵肉生活이 神의

진노를 면키 어렵거의슴세다

하신 사랑과 예수금의 큰선 구원과 綿光이 此孤島里

暗中에 뭇처잇는 가련한 人生의게 구하사 미쳐거되

여스니　찬송하리로다 젼사와 찬송과영광을 三位

一軆이신 참신 하나님께 드릴지로다 一八九四年 갑甲

午 政變時에 愛國 志士들이 기울러져가난 國家와도

단中에새저 노예로드러가난 民族과外國 政權 重으로地

개식하난게 꼬한계책으로 세이니 우리들은묽은니 것고 國

家와民族을 붓잡고기울어저가난 政府의 政治을以

못잡으려고 上書와 忠言을하다가 諫臣徒輩에

의기에매하잡혀서 或死刑고문당하다가 (配所)에

소도嶋에서 異하난 智士四五世이있쓰니 그其中

忠淸道 公州에居住하난人런 金成振(現其時進士)氏

라止先生이本潤詩 得(其時同知)氏로 梅靑火年

들의게 漢文을訓學하사변什 詩 得氏老人과相議

하기를 내가 책을 사서 新約(순한문)이라 나 母을 사가지고

왓는대 四書와 三經과 대조해보니 全部內容이 서로

이 (四書三經)들의 근본이되 나것갓소이다 故로 떼수교을 밋

어 以現在라 將来에 有望有勒하겟소니 떼수을 밋게해

슐세 다한則 許得 氏도 智士타 맛 기오 두분이 결정

을하고 一八九◯年六月頃에 洞中人等을 會

集한後에 떼수를 밋어야될 理由을 說明하리 모

힌 人들이 다 끼하고 決定하고서 을 노사람을 보내

서 떼수 以上 先生도 첨해오고 떼수교 도서오게하

기 爲하여 洞中 青年中 金達三君을 擇定한後

一八九◯年七月初旬에 旅費을 모아주어 보내려

할서엇런분의 말이 長淵 大車面(現今大教面) 소래

에도 西洋人이와서 예수교을 전하더라고하니 그러면

소래도가서 앉아 보고 사실되면 그곳에서 전도人과책

을사가고오게하되 萬一 ○ (金達三春을)치 못하면서 울노가

라고하면서 長淵 소래도 보내엇다

一八九○年 八月 廿五日頃에 소래 居住하는 徐景

橯長老와 洪王執事와 吳氏(名은不知)敎人以上

三人과 金達三君이와서 전도하는 말을 듯고 金洞半

이다 잇기로 決心하고 漢文聖經 書堂 겸해서 음

一로 本敎會 創立禮拜을 今年八月二十五日의且

거되니 이로부터 전도人三人이 連日전도講讀과저

녀마다 이믹부터잇성경과 잇범젼을 토론함으로 하ㄴ

님의구원의門이 과대하거벌니엿슴 大活動이

니러낫다 本来 무터사신 우상을 섬기요습과 元

則이 이셔으 어느 洞內던지 陰九月九日에는 빤드시 신

당제사을 졍셩스와하니라 嶺니로 本洞속으로

밀녀젼고 속을 해빗고 소을사셔 잔빈해두엇더라

徐長老의 거事業은 이러케 난디러되게 넓이

속은 모겻더니 洞中人들이 末次로 찍고 소는 徐長老水

기로 하야 以다 모당졔사 난폐지하게 되다 그러나 主日

三日禮拜을 인도하며 자미잇게 進行하면 가시다

(계속로上)計 得民斗 金威振先生 두분이 每主日과

邑시거 九月十日後는 젼도 三人은 고향으로 도라가고 이다

好事多魔라 토말과 갓치 잔젼되여가는 申큰사려럼

이 久거되 있다 이곳은 棉花가 뵙는 곳임으로 一二三 一八九

昨年八月二十日頃에棉花을求買하오기爲하여金京
文氏의船便으로男三人(李桂瑞、金京文、李有權女二人
(金尚石母親、姜太平의夫人)以上五人이平南三和郡鎭南
浦近方으로가서棉花을求買하여가지고오다가水意外에
風浪을맛나曲豊川津江浦前에서破船이되어서(五人)
은아지못하고도로가다올令가되어서다나머진사람
분이金部今年九月十一日버터水조사오는되어대
의家族五全洞中이連日기달이전하나九月晦日心津
江浦主人某氏가이오人에서其不幸事을傳達
함으로빼가조만히當하여船人親을찾음으로三大工
大發馬騷動하여죽은갓수업다하며四수잇고당제사을
內신당으아나식컨수업다고하며四수잇고당제사을

아니하엿더니 九月十一日에 이르러 한불숏사가 나엇스니 이것이

병긔한당을 轉視하리오 하고 全洞中이 매 并소캐 하던

니 밋음을 배빤하고 다시 拜月을 하여 사를 드린는

等敎會을 川란하는도 하여 신거 信仰이

가고 주의 水도을 訴訴 得氏許 根氏 崔永佑氏 金

吏甫民許 權氏 짜고 五家族 坐변 지아니하고 꾀써

꾀고로한 中에 밋고 나아니 敎會 有 拜

다 然故로 五家食口들이 모 書堂 旁에서 拜拜

들見며 지내더니 一八九七年에 金成振先生은 流配期

限이 되며 自己 故鄕으로 도라가시고 許老人의 인도로

겨우 지내면 今 松川拜拜堂을 짓고 남은 餘材가 잇더도

말을 듯고 그 材木을 갓다水 (一八九七年(巳亥)八月에

現在坐地에 草家大間을 建築하고 五人의 家口合

三十餘名이 誠力으로 建立하다 新禮拜堂을 進입하니

敎人이 가곰을 ......

一八九九年에 小渴洞居住하고 金明吉氏

主日本교회로 ...... 出席하며 洞中付近人이 가정이더있고

......으로 ...... 가만호며나이도 合이

엇서끝은 中에 許得氏 혼자서인즈하고 中에 지내

一八九九年 九月에 韓國初次로 ...은 宣敎師(一八八四年래

韓)로 京城斗 留하는 元杜尤牧師 ...서 自己夫人

斗 長子 漢京이君으로더리 來臨하야 許得氏를

...... 하야 許得氏를 ...... 初次洗

禮及 學習問答을 하야 初次

洗禮及 ...... 許得、 賴許根、 崔永佑、 許倫、 許侃、

金玟甫 以上各名이 ...... 支敎會

水武 조되다 臨時 조직원을 선정하니 믿ㄷ人의 許諾

氏와 牛州 崔永佑 許 倫許 佩이며 ...하며 유지하다

一九〇一年 春에 本島 東南端에 在迎次 車洞서 金將之

金永熙 金殘發 金奐俊 金昌吉 安基仲 金允光이

上七人이 自發的으로 五本教를 가지과 예수믿게노라

卫 自願決定하고 ...지나 後부터 風雨寒雪을

不計하고 午食을 수려가지고 三十里距里에 主日별심으

三出席하며 誠心으로 믿엇나 福音은 점점전되어 本

島西端에서 新貝러 北으로 加乙里東南端에 次

東에外지못하셔서이기셔각하니 不遠하며

全島內에 教會가 大振與이될쯤이나 아며

一九〇五年秋에 長洞松禾視察會가 뫼우고 長源郡

薪花面西儀洞敎會가 居住하서는 韓進一先生이 전도

人으로 派송을 以하야서 本敎會가 必要한 乙里三처

敎人을 지도하며 시간이 있나대로 長村鎮村化洞

各洞里 ... 그럼으로 本洞에서도 새로

... 한즉 ... 하지고

人宣敎師 史佑業氏의라 당時坐會는 ... 女는 美國

一九〇三年에 化洞居住하는 崔大守崔益賢崔益三

以上三民이 自發的으로 本敎會에 ...하야여수를 밋고나라

又決定하고 每主日出席하는대 其翌年인 一九〇四年에는 崔

益奉 火年 ... 가하고 全年에松禾

敎會長로 嚴栗郡地方 ...이오 又二徐相進民가하

付方一次로 ... 되어났서

진흥시장

며 이것은 부터 표인 집을만 外 지난 데 加乙고 金明吉氏 內外

분은 이곳으로 移舍 外 지사 씻으며 乙里 崔仁秀民

內外가 미그로 짝영하고 每主日 往來하니 金明吉民가 스스로

自己 本洞으로 가서 갓지 잇으며 主日에 이곳으로 잘들다니마

一九〇四年에 韓延一 전도人은 여러 해 동안 이시며 일으 만세

서 사 本敎會서는 원체 아니하지만 움기게 되여 不可不

고 청 이것으로라 가서 기되며 役에서

村 젯 등에서 大衆을 集合하고 전도강연을 하며 個人전도

一九〇四年 本敎 靑年 討論會 外 敎人 씨 사람 里鎭

을 하며 밋삿람이 밋기고 짝겸으로 하여스나 鎭村 과 이곳

張成錄 二人 전 전 한 신앙으로 本敎會에 每主日 단니며

파며 거들 가면 故로 다 단니지를 못하고 其 中에서 李允範

67

大政面

ⓒ

을보고 저들게는 李汝範 家에 히려 明을 보아서며

一九○五年에 始事教會가 分立하게되니 진 ...

本을 始事 ...로 ... 하고 그 教會之便서 ... 하며 주다

一九○五年十月에 堂會長 史佑業 牧師가 와서 教會일

을 보며 初次로 ... 설립하니 崔永佑 許倫許

侃 以 三人은 初次執事로 세우니 教勢가 漸 ... 야

任公고 하니며 지다

一九○八年은 ... 前 ... 고 別 ... 없니며

一九○七年에는 朝鮮人으로 初次牧師 七人中에 一人인 金貞彔

牧師가 本教會堂會長 ...

... 教會 ...

蓮池 ... 面長村教會長 金夏述 氏 ... 本教會 ... 五人으

로와서 一年 ... 교회 ... 하며 今年에 教人增加되

니 ... 今年에 金奥甫氏가 執事로 任被選되며

68

一九〇八年에 本教會로셔 青少年들의게 教育한지라

싶음으로 有志으로ᄊ새 가하고 니次東教會와 協力하야

新學文을 배호고 且 學校을 設立하게하기도 모은한

後 許倫 許侃 兩青年이 寧先하야 長湍郡母牙 李

寅奎의게 學校設立할진저 書와認列申請書을提

生하여더니 빨니 右에 黃海道知使의 名儀로 白翎西

海第一學校로認子가나와셔 遇子校을設立하야 白翎

처음으로 新教育이시작되다 校長에許倫教師에許

侃教合과 中和洞禮拜堂東便二傍으로ᄊ校을삼니

學生은 必軍 本教會 兩教青少年 十에ᄌ二十四에지 合

三十五名이나되며 하게되 白翎에 新文明

이開發됨으로ᄊ 큰며암이잇셧다

一九一〇年八月에朝鮮이日本과合倂하게됨으로因하여
國家及政治에大變革이되었으니靑年들로공부하
기도어렵고敎會가日本警官의注目을받게되어
學校경영이그러란하고또不得已一九一二年春에自進
히閉校하게되었다

一九一二年에蓮池洞서丁斗富(金千石祖許善梅(金
寬祖母)三女史들이베수있기로겨...以上을보면次第鎭村
主日本敎會에出席하였다

化洞 九里 蓮池洞 五廳敎會에初次로福音의씨가本
敎會로부터뿌려지며...
...忠心으로...있으면밀어친것과또現今에
七大敎會들이 嚴然히나타나스니 大哥라첨신하나

님의 사랑원하신은 제를 찬송할거시로다 장하도다

初次도 밋고 끔뻐따고 끔란을 밋으며 참고리가며 밋음

비도대를 잘세우시 을기리 송속하리로다 故로지

금도 목음의 밧삼을 힘써 전하기를 用力하자

을하매 정권을 改選하난데 처음으로 領袖을 삼제우

一九一二年秋州 堂會난 長老 業牧師가와 佐敎會일

노에 許 倫氏로 執事는 崔永佑 許 伩 金奭甫

許廷儆 以上四人으로 擇定되다

今年에 本敎會 젼도사고 信川郡 弓奧面 寺栗洞敎會

居住하는 崔賢植氏와 其夫人 禹氏 內外州 來臨하매

일을 보시는데 名慶州볼머이 敎人들을 잘지도 하시며

심으로 기도하며 從事과 本敎 兩敎會가 復興되제되다

一九一四年 六月에 不幸이도 領袖 許 倫氏가 別世하엿으

吳敎會가 매우셔오하게되자 며人間소年에 小갈洞朴正

寬氏內外분이닛기로잗연하고 每主日本敎會 즉出席
하다

一九一四年 秋에 壺會 長老 支使業牧師가

來臨하사 敎 領袖는 許 侃 執事
는 勸察 李根信 白權信

徐奐信 ... 을 改選하여 敎會에 과 ... 하다

一九一五年은 ... 如前하다

一九一六年에 崔賢極助師는 本敎會 視務를 사면하

又不得已故鄕으로信州에 ... 其這四年間

崔助師內外世이 誠心敎役을하야 ... 中洲車

吳敎人이 ... 고 本洞에는 全京學氏家族을

爲始하여 ... 가정이 ... 게 되며 매우 자미럽게 意外에

최초 시가 서나기에 되고 敎人들은 牧者을 ... 本과 갓지 되며

서오히 서나가고 말앗다

[一九一]六年 秋에 本敎會에서 ... 고 자라는 領袖 許忱

본 長松시찰회 決議로 本敎會와 必掌 兩敎會 助師로

... 一人에 ... 그리고 今年 冬期黃

海老會로서 本敎會 長老 ... 되다

[一九一]七年 春에 坐會 長 夫 ... 未臨하며 ... 許

... 共同의회을 ... 投票을 하난 結果 許

忱이 被選되여시며 소年 頁人老會時에 長老시취한

결과 合格이 되므로 감사히 생각하다

一九一七年秋에 堂會 長史佑業牧師代理로 徐景祚

牧師가 來臨하여 임의 피택되여 老會서 ... 以은 許

侃割長老將立式을 성대히 擧行하니 이로부터 本敎

회가 처음으로 堂會 가조직되였으니 ㅡ 堂會之서

회명우씨을 명수로 全 ... 計 仁兩人을 執事

로 憧贲하기로 결정하고 교회에 광고하다

수年에 化洞에 敎人이 많음으로 因하여 慶新會 집회

間을 ... 하고 本敎회서 ... 히 하였시며 地方시찰

회조서 本助師으로 長老는 許 侃 今年十一月頃에 ... 不

長湖苦灘교회로 보내여 태탄교회를 보호케 하여 가게하여 ...

조本敎회의을 ... 케하고 태탄으로 가게하여 ...

교회 ... 지안케 ... 되였다

白錫以

74

一九一八年에 鳳山郡萬泉面楡洞敎會歷

住하시힌 金元新 牧師시셔 未臨하셔 本敎會와

泌津敎會 兩處을 熱心으로 視務하으믄 本洞大田고

위露所會이 化洞外지그럼且正中本洞에川지믿

된是들니만히리민거림으로敎會가復興의되눈中

李東度君이川기로자령하고말삼이(三出席에

니임무스니가믿따

一九一九年에 本敎會는如前히進興되더日就月

長하야信仁己未年大韓独立萬歲事件。

또偕警들에게敎會가注目을밧게되어般을引을

만을밧히엇으나心靈的으로도더욱强力한信仰의

大運動이되엿다.

一九二十年 敎會에ㄴ 巨變이ㄴ 것이 生겨 ㅅ니 本敎會

에ㄴ 長老ᄇ린 許, 佩氏 家族까지 視務하ㄴ

敎會 所在디 長淵郡 苦難으로 撤移하게됨으로

敎會 건ᄆ이 ㅅ지 ... 本

堂會에ㄱ 虛位가 되다 伍敎後壽 金元漸

一九二十年 牧師 도ㅅ시면 하고 長淵郡 大栽面松

川敎會로 移ᄉ하다

一九二一年에 私利邑 住하ᄂ 金德會 牧師

四月末 臨하ㄴ니 視務하ᄀ되여 乙里서

가니 전 敎人들 博加되ㄱ고 熱心ᄆ므로 加乙里서

乙洞에 鍾民짐 大間을ᄌ 金益祥民와 崔秉

俊의이드ᄅᄅ 本敎會의 廢所會로시ㄱ데되다

「一九二一年에 本敎會가 重建 되여 잇슴을 유감으로 又本黃海老會에서 生覺하시고 長老를 選擇하야 被選됨을 세우게 합으로 本敎會 執事로 하여 分에 인民의 許 加하야 敎勢을 振興 執事事情上 數學子氏二人을 領袖로 視務케하고 敎會가 가서 秋期에 金ㅇ廘會牧師와 敎會로 敎人들의

不得已

「一九二三年에 七執心 金五默牧師께서 來臨하여 視務하시다 本禮拜堂이 初次에 지엇 된草家인故로 退落되되여서는 敎人은 ヒ年을

이 信仰가 朴氏에 집에서 始作되여 教人들이 熱心으로 하여

本城地에 當時 壹仟여 水량으로 鉎瓦집 十二間(三

十坪水畓)을 再建等 하여서 鎭村으로 園年에 鉎

瓦집 二요 十二間 禮拜堂을 新築하였다

一九二四年에 그 밑에 前히 지나다

一九二五年에 金正默 牧師는 黃海老會로서 派送되여

牧師 三千山郡 漏川으로 中心하고 新開地 전

로 하기로 하여 信되여 老會 명으로 流湖에 가서

봉으로 不可不 서울까지 되고 同年에 安岳邑 居任

하는 李恒寛 氏로서 가보내시 무거리 내딸쇠

이 목적으로 全洞中이 거진 다시 川州로서

同年에 教會로서 日新학교 童説立 하고 朴五 教師

邑長秤郡樂道面地境洞五리青年金安國
君은請하여青少年邑을外에서新學文教訓
늘川조카外야學子徒가不多數하야新學校라
一九二六年川李恒爽君조카를小比外工金宗三牧師
와付坐會長兼視務하시다他李君은別無外工
乞年夏期黃馬老會에付以人許諾以邑長老
邑州坐會長金宗三牧師까付 上月二十八日州
聖視之舉行하外五長老投票를하야許仁
李東渋兩人이리被選되다
一九二七年秋期黃馬老會時州本五리被擇長
老李東渋氏外서쉬是皆하州 合格되以合
今年十二月大日에本牧師斗視察長金斗憲

牧師司會五長老將文式言선대를引舉行하나

또五早터七年北靈位되吹로本堂會에가게소에

되吹

一九二八年春期黃海老會時에本被操長老

讀仁氏五老會에서付同參하야合格되丑

로 今年二月廿日主日에本教會牧

師金宗三氏와宣教師裵義林氏司會下에許

仁氏長老將文式言左記順序로써하니

以제舉位하다

記

一仍을 三十二章 六四五 金宗三목사

三什명 응답 四신도 며의目눅사

80

[부 록]

1. 조선시대 지리서에 기록된 백령도

백령도를 따로 기록한 책은 『백령진지(白翎鎭誌)』 외에는 없다. 조선시대 국가에서 편찬한 종합인문지리서인 『동국여지승람(東國輿地勝覽)』을 바탕으로 하고, 몇 가지 자료를 보완하여 간단히 백령도 약사를 정리해본다.

백령도는 고구려 때부터 중요한 지역이었으며, 고려 때에 이미 백령진(白翎鎭)이 설치되어 있었는데, 조선시대 세종 때에 황해도의 영강현(永康縣)과 백령진을 합하고 이름에서 한 글자씩 따다가 강령현(康翎縣)을 설치하였다.

가) 『동국여지승람(東國輿地勝覽)』

따라서 백령도의 역사는 『동국여지승람(東國輿地勝覽)』 제43권 「황해도 강령현」 편에 가장 자세하게 기록되어 있다. 백령도를 중심으로 발췌하면 다음과 같다.

강령현(康翎縣)

동쪽으로 가을포(茄乙浦)까지 30리, 남쪽으로 등산곶(登山串)까지 60리, 서쪽으로 해주 경계까지 30리, 북쪽으로 같은 주 경계까지 35리이며, 서울과의 거리는 4백 49리이다.

【건치연혁】 영강현(永康縣)은 본래 고구려의 부진이(付珍伊)였는데 고려 초기에 영강으로 고쳤다. 현종 9년에 옹진현(甕津縣)에 예속하였으며, 예종 원년(1105)에 감무(監務)를 두어서 가화현(嘉禾縣)을 겸임하게 하였다. 본조 태종 14년(1414)에 장연현에 합하고 얼마 안 가서 예전대로 하였다.

백령도(白翎島)는 원래, 고구려의 곡도(鵠島)였는데 고려조에서 **백령진(白翎鎭)**이라 하고, 현종조에 진장(鎭將)을 두었다. 공민왕 때에는 물길이 험난하므로 육지로 나와서 문화현(文化縣) 동촌

(東村) 가을산(加乙山)에 임시로 우거하게 하였으며, 나중에는 땅이 협착하다 하여 진장을 폐지하고 문화현에 예속시켰다가, 공양왕 때에는 파하여 직촌(直村)으로 하였다.

본조 세종 10년(1428)에, 영강·**백령**을 합하여 강령현으로 하고, 해주·우현(牛峴) 이남의 땅을 분할하여 예속시켜 현의 치소를 사천(蛇川)으로 옮기고, 진을 설치하여, 첨절제사 겸 판현사로 하였는데, 후에 고쳐 현감으로 하였다. 옛날 영강현의 치소는 지금 장연현의 금동역(金洞驛)이다.

【관원】 현감·훈도 각 1인.

【군명】 부진이·영강·**백령**(가을산 지역에 임시 우거할 때에는 그대로 **백령**이라 하고, 본 섬은 장연현에 속하였다.)

【성씨】 영강(永康) 강(康)·팽(彭)·정(鄭)·임(任), 조(趙) 해안(海安). 임(任) 장연(長淵).

백령(白翎) 유(庾)·김·이·노(盧)·척·고(高) 모두 내성(來姓)이다.

【산천】 등산곶(登山串) : 고을 남쪽 60리에 있다. 백사정(白沙汀)이 있는데, 조수가 물러가면 흰 모래가 평평하며 넓고, 진흙 감탕이 없어서 말을 달려 사냥을 할 만하다. 옛날 해주 땅인데 사슴이 많아서 천백 마리씩 떼를 지어 다닌다. 고려조에, 신우(辛禑)가 요동(遼東)을 치려고 하여 5부(部)의 장정을 동원하여 군병을 삼으면서 서쪽으로 해주 백사정에 사냥 나간다고 빙자하여 말하였는데 곧 이곳이다. 지금은 목장이 되었다. 바다 고을 남쪽 30리에 있다.

연화지(蓮花池) : 고을 남쪽 60리에 있다.

【토산】 모시[苧]·삼[麻]·숫돌[石礪石] 순위도에서 난다. 미역[藿]·황각(黃角)·지치[紫草]·녹용(鹿茸)·부레[魚鰾]·참가사리[細毛]·청각(靑角)·사곽(絲藿)·굴[石花]·해삼(海蔘)·소라(少螺)·홍합(紅蛤)·낙지[絡締]·맛조개[竹蛤]·청어(靑魚)·조기[石首魚]·전복[鰒].

【명환】 고려 이세화(李世華) : **백령진**의 진장이 되었는데, 정치를 청렴 공평하게 하였고, 향교를 처음 창설하여 자제들을

84

모아 학문을 가르치니, 과거 보는 사람까지 있게 되었다.

【제영】 조수가 관도 나루터에 밀리니 언덕이 묻히네. 배둔(裵屯)의 시에, "해가 수루(戍樓)에 지니 고각이 울리고, 조수가 관도에 밀리니 언덕이 묻히네." 하였다.

강령현이 나중에 장연군과 합하였으므로, 『동국여지승람』 제43권 「장연현」 편에도 백령도 기사가 많이 실려 있다.

장연현(長淵縣)

동쪽으로 해주 경계까지 56리, 남쪽으로 해안까지 40리, 서쪽으로 아랑포(阿郞浦)까지 47리, 북쪽으로 풍천부 경계까지 25리요, 서울과의 거리는 5백 13리이다.

【건치연혁】 본래 고구려의 장연(長淵)인데, 신라와 고려에서 모두 옛 이름 그대로 하였다. 현종(顯宗)조에 옹진현에 속하였으며, 예종(睿宗)조에 비로소 감무를 두었다. 본조 태조 원년(1392)에 만호를 두어 감무를 겸하게 하였으며 태종 2년(1402)에 비로소 진(鎭)을 설치하고 병마사로 판현사(判縣事)를 겸하게 하였다. 후에 영강현을 병합하여 연강(淵康)이라 하였는데, 얼마 안 가서 각각 예전대로 하였다. 세종 5년(1423)에 병마사로 고치고, 첨절제사를 삼았다가, 후에 현감으로 하였다.

【산천】 장산곶(長山串) : 고을 서쪽 64리에 있다. 대청도(大靑島) : 고을 남쪽 30리 바다 가운데 있다. 소 치는 목장이 있다.

소청도(小靑島) : 대청도 동쪽에 있다.

○ 『대명일통지(大明一統志)』를 보면 대청서(大靑嶼)·소청서(小靑嶼)로 되어 있는데 곧 이것이다. 『고려사』 지리지에, "**백령진(白翎鎭)에 대·소청 두 섬이 있다.**" 하였는데, 지금은 **백령도**도 (장연현) 고을 경계 안에 들어 있다.

백령도 : 대청도 서쪽에 있으니 옛날 **백령진**이다. 강령현(康翎縣) 연혁 조에 자세하다. 고려 충렬왕(忠烈王) 때에 원나라에서 적당(賊黨) 탑야속(塔也速)을 여기로 귀양보내었다. 목장이

있다. ○ 김극기(金克己)의 〈백령도(白翎島)〉 시에, "높은 하늘 스치며 몇 번이나 성내어 날았나, 외로운 섬 돌며 날다가 잠시 돌아가기를 잊었네. 사선(四仙)이 한 번 간 후에 알아줄 이 없으니, 공연히 아름다운 옷 떨치며 석양에 서 있네.[拂掠層霄幾怒飛。徊翔絶島暫忘歸。四仙去後無眞賞、空刷鶖衣立晚暉。]" 하였다.

『신증』 남곤(南袞)의 〈유백사정기(遊白沙汀記)〉에, "이듬해 경오년(1510) 가을에 막료 정숙간(鄭叔幹)군과 함께, 공무의 여가에, 서로 이야기하다가 말이 백사정의 빼어난 경치에 미쳤다. … 마침내 계획을 정하고, 호위하여 따르는 사람들을 간략히 하고, 정·이 양군과 함께 연강(淵康)으로 향하여 떠났다. …

견여(肩輿)에 올라서 비로봉으로 향하여 가니, 긴 수풀 사이로 나무 그림자가 어른거리는데 동방을 바라보니 달이 벌써 두어 길은 올라왔다. 눈더미[雪堆]라는 곳으로 올라가서 큰 바다를 내려다보니, 아래의 물과 위의 하늘이 새파래서 흔연히 한 빛이 되는데 달도 엷은 구름에 가려 약간 흐릿하였다. 좀 있으니 긴 바람이 서북쪽에서 불어오고, 소나무와 노송나무가 우우 소리를 내며 구름이 흩어지니 달빛이 밝아진다.

밤 조수가 또 올라오니 솟구치고 진동하여 은산(銀山) 같고, 눈 지붕 같은 것이 넓고 푸른 사이에 엎치락뒤치락한다. 바다 기운이 공중에 떠오르더니 쌓이고 쌓여서 흰 비단처럼 되는데 내가 올라가 있는 봉우리가 바로 허공중에 떠있으니, 완연히 찬 바람을 타고 허공중에 노니는 것 같아서 한없이 아득하고 훨훨 나는 듯한 그 기분을 이루 형상할 수 없다.

아이에게 퉁소를 불고 북을 치며 피리·호가(胡笳)를 곁들이게 하니, 소리가 저 먼 공중에 통하여 십주삼도(十洲三島)의 신선을 거의 만날 것 같기도 하다.

… 이튿날 연강으로 돌아와서 어제 놀던 곳을 돌아보니 연파(煙波)가 아득하고 아지랑이 안개 자욱하다. 정(情)과 흥(興)이 아련하여 친하고 사랑하는 이를 이별한 것 같아서 마음이 풀리지 않는다. 내가 일찍이 『여지승람(輿地勝覽)』을 열람하다가 김

극기(金克己)의 〈백령도(白翎島)〉 시를 보니, '사선(四仙)이 한 번 간 후에는 참으로 구경하는 이 없다.'는 구가 있으니, 신라 네 선랑(仙郞)의 무리가 서해 지경에서 두루 놀았던 것을 알았다.

　　아랑포(阿郞浦)에서 **백령도**까지는 물길로 하루길이고 보면 포구의 이름이 4선랑이 놀며 구경함으로 인하여 얻어진 것은 너무도 분명한 일이니, 그 이름을 아랑이라고 부르는 것은 당시 사람들이 4선랑의 풍모가 아름답고 뛰어난 것을 보고, 사랑하고 기뻐하여 칭찬하여 한 말이다."

　　【토산】 상기생(桑寄生)은 **대청(大靑)·백령** 두 섬에서 난다. 곽(藿　미역)·사곽(絲藿)·녹각교(鹿角膠)·청각(靑角)·황각(黃角)·참가사리(細毛)·소라(少螺)·홍합(紅蛤)·은어[銀口魚]·청어(靑魚)·전복[鰒]·상어[鯊魚]·맛조개[竹蛤]·숭어[季魚]·꿀[蜂蜜].

　　【고적】 대청도(大靑島) : 고려조 충숙왕(忠肅王) 4년(1317)에 원나라에서 위왕(魏王) 아목가(阿木哥)를 여기에 귀양 보냈다가 10년(1323)에 소환하였으며, 11년(1324)에 발라태자(孛剌太子)를 여기에 귀양 보냈다가 16년(1329)에 소환하였으며, 17년(1330)에는 도우첩목아(陶于帖木兒)를 여기에 귀양 보냈다가 후원년(後元年)에 소환했는데 그들의 거처하던 집터가 아직도 있으며, 목장이 있다.

나)『대동지지(大東地志)』

『대동여지도(大東輿地圖)』를 제작한 김정호(金正浩)가 1861～1866년경에 편찬한 인문종합지리서『대동지지(大東地志)』에는 백령도진(白翎島鎭)이 하나의 항목으로 독립되어 소개되었다. 조선시대 백령도에 관한 최후의 문헌이다

백령도진(白翎島鎭)

　　【연혁】 본래 곡도(鵠島)인데, 신라 경덕왕 16년(757)에 폭

지군(瀆池郡) 영현(領縣)이 되었다가 고려 태조가 **백령(白翎)**으로 고쳤다. 현종(顯宗) 9년(1018)에 진장(鎭將)을 두었고 공민왕 6년(1357)에 수로(水路)가 험함으로써 육지에서 나와 붙어 살았다.

문화현(文化縣)의 갈산(坌山)은 조금 있다가 땅이 좁아져서 진(鎭)을 폐하였다. 본조 세종 10년(1428)에 본도(本島) 영강현(永康縣)에 합하였다. 광해군 원년(1608)에 진을 설치하였다 수군(水軍) 오진(五鎭)을 관장하였다.

【관원】 수군첨절제사(水軍僉節制使)가 감목관(監牧官)을 겸하였다. 1인. ○ (외적을 지키는) 추포방소(追捕防所)와 요망(瞭望)이 각 한 곳이다. ○ 목장(牧場)이 한 곳이다.

○ 상기생(桑寄生)이 본도와 대청도(大靑島)에서 난다. 매[鷹]·전복[鰒]·해삼(海蔘) 등의 어물이 난다. 장연(長淵)도 같다. 여러 가지 모양의 전선(戰船)이 7척이다.

2. 『삼국유사』에 실린 거타지설화

백령도가 고구려 때에는 곡도(鵠島)라고 불렸는데, 『삼국유사』에 곡도를 배경으로 한 거타지설화가 실려 있으며, 중화동교회가 있는 연화리(蓮花里), 연지동(蓮池洞)이라는 지명도 이 설화에서 나왔다. 곡(鵠)은 고니라는 흰 새이고, 백령(白翎)은 새의 흰 깃이다. 두 가지 이름 그대로 백령도는 온갖 물새들과 철새들의 낙원이었다.

진성여왕(眞聖女王) 때의 아찬인 양패(良貝)는[1] 왕의 막내아들이었다. 사신으로 당나라에 가게 되었는데, (후)백제의 해적이 진도(津島)[2]를 막고 있다는 소식을 듣고, 궁사 50명을 뽑아 따르게 했다. 배가 곡도(鵠島)에[3] 닿자 갑자기 풍랑이 크게 일어 열흘이 넘도록 묵게 되었다. 공이 걱정하며 사람을 시켜 점을 치게 했더니, 그가 말했다.

"이 섬에 신령스런 못이 있으니, 그곳에 제사지내는 것이 좋겠습니다."

그래서 그 못가에 제물을 갖춰 제사지냈더니, 못물이 한 길이 넘게 용솟음쳤다. 밤에 꿈을 꾸었는데, 한 노인이 공에게 말했다.

---

1) 양패의 이름은 패(貝)자가 애매하게 되어서, 학자에 따라 패(貝) 또는 원(員)으로 읽기도 한다. 『고려사』권1 〈세계(世系)〉에 실린 작제건(作帝建)의 이야기 가운데 나오는 김양정(金良貞)의 사적이 그와 같은 것을 미루어, 양정으로 읽을 수도 있다.
『고려사』와 민지의 〈편년(編年)〉을 아울러 보면, 김양정이 사신이 되어 배를 타고 당나라에 가는데 꿈속에 머리가 흰 노인이 나타나 활 잘 쏘는 사람을 남겨두고 가라고 했다. 작제건이 활과 화살을 가지고 섬에 남자, 어떤 노인(서해 용왕)이 나타나 부처의 모습을 한 늙은 여우를 죽여 달라고 부탁했다. 작제건이 그의 부탁에 따라 늙은 여우를 죽인 뒤에, 그의 딸과 결혼했다. (작제건의 손자가 바로 고려를 세운 왕건이다.)
2) '진도'가 고유명사인지, 나루와 섬인지 확실치 않다.
3) (원주) 우리말로 골대도(骨大島)라고 한다. (지금의 백령도다.)

"활 잘 쏘는 사람 하나를 이 섬에 머물게 하면 순풍을 얻을 수 있소."

공이 꿈에서 깨어 그 일을 좌우에게 의논했다.

"누구를 머물게 하면 좋을까?"

여러 사람이 말했다.

"나뭇조각 50쪽에다 우리들의 이름을 써서 물속에 던져보고, 가라앉는 자를 머무르게 하는 것이 좋겠습니다."

공이 그 말대로 했다. 군사 가운데 거타지(居陁知)란 자가 있었는데, 그의 이름이 가라앉았다. 그래서 거타지를 머물게 했더니, 갑자기 순풍이 일어 배가 거침없이 떠나게 되었다. 거타지는 걱정스럽게 섬에 서 있었는데, 갑자기 어떤 노인이 못 속에서 나와 말했다.

"나는 서해의 약(若)이다.4) 해가 뜰 때마다 한 중이 하늘에서 내려와 〈다라니〉를 외우며 이 못을 세 바퀴 돌면 우리 부부와 자손들이 모두 물 위로 떠오르게 되는데, 그 중이 우리 자손의 간장(肝腸)을 빼내 먹었다. 이제는 다 없어지고, 오직 우리 부부와 딸 하나만 남아 있다. 내일 아침에도 그 중이 반드시 올 텐데, 그대가 쏘아주기를 부탁한다."

거타지가 말했다.

"활쏘기는 나의 장기입니다. 말씀대로 하겠습니다."

노인이 사례하고 못속으로 들어가자, 거타지는 잠복해 기다렸다. 이튿날 동쪽에 해가 떠오르자 과연 한 중이 와서 예전처럼 주문을 외우며 늙은 용의 간을 빼내려 했다. 그때 거타지가 활을 쏘아 명중시켰다. 그 중은 곧 늙은 여우로 변신하더니, 땅에 떨어져 죽었다. 그러자 노인이 못에서 나와 고마워하며 말했다.

"공의 은혜를 입어 우리 목숨을 보전했으니, 내 딸을 아내로 주고 싶네."

거타지가 말했다.

"주시는 것을 저버리지 않겠습니다. 참으로 바라던 바입니다."

---

4) 해신(海神), 즉 서해의 신이다.

노인이 자기 딸을 한 가지의 꽃으로 변하게 해 그의 품속에 넣어주고, 두 용으로 하여금 거타지를 받들어 사신들의 배를 따라잡게 했으며, 그 배들을 호위해 당나라 국경에 들어가게 했다. 당나라 사람들이 신라에서 온 배를 두 용이 지고 있는 것을 보고, 그 일을 임금에게 아뢰었다. 황제가 말했다.

"신라의 사신이 반드시 비상한 사람일 것이다."

잔치를 베풀어 여러 신하의 윗자리에 앉히고, 황금과 비단을 두둑히 주었다. 신라에 돌아온 거타지는 꽃가지를 꺼내어 여자로 변하게 하고 그와 함께 살았다.[5]

후대에 판소리와 소설로 널리 알려진 『심청전』의 근원설화이다. 백령도 일대에는 연꽃에 관한 지명이 많아서, 옹진군에서는 인당수와 연봉바위가 함께 내려다보이는 언덕에 심청각을 세워 『심청전』 관련 자료뿐만 아니라 백령도에 관한 자료들을 전시하고 있다.

---

5) 일연 지음, 이가원・허경진 옮김, 『삼국유사』, 한길사, 2006, 172-174쪽.

3. 이항복이 백령진을 설치하자고 광해군에게
올린 상소문

우리들에게 오성(鰲城)과 한음(漢陰)으로 잘 알려진 백사(白沙)
이항복(李恒福) 대감이 1608년에 4월, 좌의정 겸 사도도체찰사(四
道都體察使)에 제수되자, 이듬해 광해군에게 "백령도에 진(鎭)을 설
치하자"고 두 차례나 청한 글이 『백사별집(白沙別集)』 제2권 「계사
(啓辭)」에 실려 있다.

○ 기유년(1609) 정월 18일에 비변사 낭청이 도체찰사(都體
察使)의 의견을 아뢰었다.

"백령도(白翎島)에 진(鎭)을 설치하자는 의논을 조정에서 논
의한 지가 이미 오래되었는데, 본도(本道)의 봉사신(奉使臣) 또
한 연속해서 계청해 왔습니다. 근래에는 해적(海賊)이 더욱 자주
출몰하여 지난해 초봄부터 황해도의 병선(兵船)들이 서로 교대
해 가며 본도(本島)에 주둔하기 시작했는데, 그해 겨울에 이르기
까지 과연 그 동안에는 함부로 사람을 놀래키는 해적이 하나도
없었으니, 그 효과가 이미 증험되었습니다.

백령도는 서쪽 대양(大洋)에 똑바로 마주해 있으므로, 우리나
라에 폐를 끼치러 들어오는 해적들이 반드시 이 섬에 몰래 정박
하여 여기에서 땔나무를 하고 여기에서 물을 길어 마시고 여기
에서 순풍(順風)을 기다린 다음에 비로소 내양(內洋)으로 들어
와 해서(海西 황해도)에서 도적질을 하고, 혹은 정서풍(正西風)
을 얻어 남쪽으로 내려가서 충청도(忠淸道), 전라도(全羅道) 등
지로 들어가기도 합니다. 이 섬은 바로 해적이 우리 나라에 들
어오는 문지방과 난간이 되어 있습니다. 그래서 지난해부터 병
선들을 주둔시켜 지키게 한 이후로 해상 방어에 걱정이 없게 되
었으니, 지난날의 논의가 증험이 되었음을 더욱 잘 알겠습니다.

그러나 신이 감히 경솔하게 헌의(獻議)하지 못한 것은 마음속으로 본도(本道)의 인심과 본도(本島)의 형세를 상세히 탐지한 다음에 비로소 아뢰고자 해서였습니다. 그리하여 사람을 보내어 가서 살펴보게 하고 반복하여 상의하였는데, 그 내용은 다음과 같습니다.

그 섬은 동쪽에서 서쪽까지의 길이는 50여 리쯤 되고, 남쪽에서 북쪽까지의 길이는 40여 리쯤 되는데, 바삐 걸어서 3일은 걸려야 한 바퀴를 돌아볼 수 있습니다. 지방은 거제도(巨濟島)와 약간 비슷하게 생겼고, 중앙에는 심은포(深隱浦)라는 거대한 항구가 있는데, 항구의 길이가 거의 20리나 되어 염분(鹽盆 소금을 굽는 가마) 수십 와(窩)를 안치할 만합니다. 또한 수리(數里)쯤 되는 염수포(鹽水浦)가 있어 여기에도 염분을 안치하기에 합당하니, 이 두 항포(港浦)를 합쳐서 전포(廛鋪)를 벌여 놓고 소금을 구우면 그 용도가 무궁할 것이고, 그곳의 토지 또한 매우 비옥합니다.

항구의 동쪽으로는 옛 읍기(邑基 고을터)와 창기(倉基 창고터)가 있고, 항구의 남쪽으로는 옛 역기(驛基 역마을터)가 있으며, 섬의 형세는 가운데가 움푹 들어가고 사방이 높으므로, 돈대(墩臺)를 설치하여 서로 바라보면 사방이 막히는 데가 없습니다. 동쪽으로는 강화(江華)와 연접하고, 서쪽으로는 초도(椒島)와 마주하였으며, 서북쪽으로는 장산곶(長山串)과 똑바로 마주하였습니다.

거대한 나무들이 하늘을 가리고 있어 아름다운 풀이 무성하게 자라지 못하므로, 나뭇잎이 자라는 한여름에도 말들은 나무껍질이나 씹어 먹을 뿐 풍성한 풀은 구하기가 어려우니, 마장(馬場)을 설치하기에는 타당치 않고 진(鎭)을 설치하기에는 타당합니다.

다만 바다를 건너가서 진을 설치하여 외적의 침입을 막는 일은 비록 전성시(全盛時)를 당해서도 오히려 어렵게 여기었는데, 지금은 (임진왜란 뒤에) 피폐해진 뒤끝이라서, 만일 대대적으로 포치(布置)를 가하여 그 형세를 장대하게 하지 않으면 일의 단서를 이루기가 어렵습니다.

지금 헤아리건대, 광암(廣巖), 아랑(阿郞) 두 진은 중포(重浦) 안에 숨겨져 있어 그 외양(外洋)과는 성세(聲勢)가 서로 요원하니, 이 두 항포를 합해서 하나의 대진(大鎭)으로 만들고 여기에 타군(他軍)을 더 보조하여 당상 첨사진(堂上僉使鎭)으로 만들어서 그 위엄을 중하게 해야겠습니다. 그래서 지금 이른 봄에 먼저 들어가 목책(木柵)을 설치해 놓고 농사도 짓고 방수도 하면서 소금을 밑천 삼아 군량을 저축하도록 한다면 매우 형편에 합당하겠습니다. 신은 삼가 편의(便宜)에 관한 여덟 가지 일을 조목조목 열거하여 삼가 임금의 결재를 기다리겠습니다.

1. 광암진(廣巖鎭)의 수군(水軍)은 지금 있는 것이 324호(戶)이고, 아랑포(阿郞浦)의 수군은 288호인데, 이를 삼번(三番)으로 나누어서 둔수(屯戍)의 숫자에 충당시키자면 숫자가 매우 단약(單弱)하니, 반드시 객군(客軍)을 더 보조해야 합니다.

난리 이전에는 본도의 황주(黃州), 풍천(豊川), 해주(海州), 강령(康翎), 옹진(甕津), 장연(長淵) 등의 고을에 진(鎭)을 유치한 관계로 기병(騎兵)과 보병(步兵)이 꽤 많았었는데, 난리 이후로는 다시 진을 유치하지 않아서 소속된 곳이 없게 되었으므로, 병영(兵營)에서 5진의 군사를 차지하고 감영(監營)에서 1진의 군사를 차지하여 이들을 사령(使令)이나 고립(雇立)의 용도로 삼았고 혹은 그들에게 가포(價布) 및 군량(軍糧)을 바치게 하기도 하여 방만(放漫)하기가 무상합니다.

그러나 병영에는 만일 이 군사를 전부 빼내 버리면 모양을 이루기 어려우니, 의당 지금 나가는 구황 어사(救荒御史)로 하여금 감영에 입번(入番)한 일진(一鎭)의 군사와 병영에 입번한 일진의 군사를 떼내어 이 양진(兩鎭)의 군사를 합쳐서 **백령진(白翎鎭)**의 방수군(防戍軍)을 더 보조해 주고, 풍천과 해주로 들어간 진군(鎭軍)은 그 숫자가 꽤 많고 도리(道里) 또한 가까우니, 이 두 진의 군사도 떼내 오도록 하는 것이 적합하겠습니다.

1. 군사를 거느리고 둔수(屯戍)하는 것이 비록 첨사(僉使)의 책임이기는 하나, 경영하고 설치하는 일에 이르러서는 모두가 처음으로 일을 시작하는 규획(規劃)에 관계되고, 또 두 주진(主鎭)이 오래도록 차지했던 군사들을 떼내 오는 것은 형세상 더욱 불편한 일입니다. 그러므로 모든 일의 시행을 반드시 어사(御史)가 전적으로 관장한 다음에야 사체(事體)가 더욱 중해져서 가벼이 동요하지 못하게 될 것이니, 의당 구황 어사로 하여금 이 일을 겸임하도록 해야겠습니다.

1. 이미 거진(巨鎭)을 설치하고 나면 의당 당상 첨사진(堂上僉使鎭)으로 호칭하여 체면을 중하게 하기를 대략 평안도(平安道)의 만포 첨사(滿浦僉使)처럼 하되, 반드시 재능이 본도의 병사(兵使)를 감당할 만한 자를 차송(差送)하여 치적(治積)이 드러나기를 기다렸다가 혹 그를 병사로 승진시켜 그 위엄을 중하게 하는 것도 타당하겠습니다.

1. 새로 건치한 진은 수비가 완전하지 못할 터이니, 도감(都監)의 포수(砲手) 10명을 정밀히 뽑아서 가을까지 한정하여 데리고 가서 관하의 진병(鎭兵)들을 훈련시켜 조련(操鍊)의 기반으로 삼는 것이 타당하겠습니다.

1. 새 첨사(僉使)를 처음에 당상관(堂上官)으로 차송하려고 했었으나, 현재 당상관 중에는 가당한 인원이 전혀 없고, 오직 훈련도감 천총(訓鍊都監千摠) 김입신(金立信)이 일찍이 풍천(豊川)의 군수가 되어 이 섬을 지켜보아서 이 섬의 형세를 자세히 알고 또 일을 처리하는 국량도 있으니, 이 사람을 차송하는 것이 타당하겠으나, 우선 수 첨사(守僉使)로 보내서 오직 재기(才器)를 관찰하여 성과가 있기를 기다려야겠습니다.

1. 장연(長淵)의 오차포(吾叉浦)와 옹진(甕津)의 소강(所江) 등지는 본도(本島)와의 거리가 가장 가까우니, 의당 이 중 한 곳에 봉수대(烽燧臺)를 설치하여 서로 준거해서 비상시에 대비하도록 해야겠습니다.

1. 의논하는 자는 '의당 장산곶(長山串)에 한 진(鎭)을 설치하

고 또 본도에 한 소보(小堡)를 더 설치해야 하며, 가을포(茄乙浦)는 등산곶(登山串)으로 이관시키고 용매도(龍媒島)는 연평(延坪)으로 이관시켜야 한다.'고 하나, 이처럼 갑작스럽게 조치하면 일이 수다스럽게 고치는 것처럼 되니, 우선은 **백령도**에만 주력하다가 힘이 모아지고 일이 완비되기를 기다려서 별도로 가부를 논의하는 것이 타당하겠습니다.

1. 광암(廣巖)과 아랑포(阿郎浦)는 이미 본도(本島)에 들어왔으니, 두 진의 현임(現任) 만호(萬戶)로서 까닭없이 직책을 내어 놓은 관원에 대해서는 의당 유사(有司)로 하여금 다른 빈 자리를 기다려 즉시 임명해서 실직(失職)을 면하게 하도록 해야겠습니다. 이는 비록 사소한 일이지만 역시 규획(規畫) 가운데 한 부분에 관계됩니다.

1. 이 밖의 미진한 조목에 대해서는 생각한 바에 따라 별도로 아뢰어서 시행하겠습니다."

왕이 답하였다.

"윤허한다. 해서(海西)의 수적(水賊)은 매양 못된 짓을 하므로 반드시 후환이 있게 될 것이니, 이 계사(啓辭)에 의거하여 착실히 시행하라."

○ 기유년(1609) 정월 22일에 비변사 낭청이 도체찰사의 의견을 아뢰었다.

"**백령** 첨사를 이미 임명하였는데, 지금 농사철을 당하였으니, 반드시 급히 정돈하여 제때에 섬에 들어가서 요리(料理)하여 배치하도록 해야겠으므로, 지난번 계사(啓辭) 가운데서 추후로 생각한 바에 따라 아뢸 조목을 후면에 하나하나 열거하겠습니다.

1. 전에는 해상 방어의 일로 인하여 풍천 부사(豊川府使)를 주사대장(舟師大將)으로 삼아 연해(沿海)의 서쪽으로 아랑포, 장연, 허사(許沙), 광암 등의 관(官)을 관할하게 하였고, 소강 첨사(所江僉使)를 주사대장으로 삼아 연해의 동쪽으로 가을포, 용매, 해주(海州) 등의 관을 관할하게 하여 해적을 방비하게 했었습니다.

그런데 지금은 **백령(白翎)**이 첨사(僉使)의 대진(大鎭)이 되었고 또 적(賊)이 들어오는 첫머리에 있어 해상 방어의 가장 요충지이기도 하며, 직책도 소강 첨사의 위에 있으니, 의당 소강과 **백령**의 첨사를 동쪽 서쪽에서 독진(獨陣)을 관할하는 장수로 삼아 옛날 풍천에서 관할하던 진을 **백령** 첨사에게 이관시켜서 **백령**이 소강과 상대가 되게 해야겠습니다. 또 이 섬은 장연의 땅에 있으므로, 거민(居民)들의 부역(賦役)이 의당 장연에 소속되었을 것이니, 조치하는 기간까지는 새로 들어온 민호(民戶)에 대하여 장연의 관(官)으로 하여금 침요(侵擾)하지 말도록 하는 것이 타당하겠습니다.

1. 본도(本島)는 토지가 비옥하고 광활하여 백성들이 반드시 모여들 것이니, 모든 도전(島田)을 새로 들어간 백성들에게만 허락하고 개간한 바에 따라서 입안(立案)하도록 허락하여, 힘이 센 백성들이 멀리 와서 함부로 차지하지 못하게 해야겠습니다. 그리고 새로 들어간 백성들에게는 한결같이 산성(山城)의 예에 따라서 구휼하되, 그들이 개간한 전지(田地)에 대해서는 3년 동안 조세를 받지 말고, 10년쯤 된 가호(家戶)의 전결(田結)에 대해서도 아울러 부역(賦役)을 면제해 주어야겠습니다.

또 이 섬 안의 염장(鹽場 염전)은 도내에서 으뜸가지만 백성들이 해적(海賊)이 무서워서 감히 함부로 들어가 소금을 굽지 못했으므로, 지금 진을 설치한다는 말을 들으면 반드시 서로 다투어 함부로 들어와서 살대[箭]를 엮어 고기를 잡거나 염분(鹽盆 소금가마)을 설치하여 소금을 굽느라 곳곳마다 분잡해질 것입니다. 지금 새로 들어간 백성들에게만 고기를 잡고 소금도 굽게 하여 본진(本鎭)에서 그 지세(地稅)를 징수해서 본진의 군량(軍糧)으로 삼도록 하고, 각 아문에서 사람을 보내어 고기를 잡거나 소금을 굽게 하는 등의 일에 대해서는 절대로 들어가는 것을 허락하지 말도록 할 일로 승전(承傳)을 받들어 시행해야겠습니다.

또 본진은 섬 가운데에 있고 백성들이 부리는 배가 많으니,

지금 해조(該曹)의 대장(臺帳)에 기록된 배 이외의 모든 섬 안에 새로 들어간 백성들이 새로 건조한 배들에 대해서는 각각 배에 자호(字號)를 새겨서 왕래하며 상업을 하도록 허락하고, 본진으로 하여금 그 선세(船稅)를 받아들여서 본진의 군량에 보충하며, 여러 섬들을 수색할 때나 불시(不時)의 경급(警急)이 있을 경우에는 모두 본진의 절제(節制)를 받아서 공전(公戰)을 돕도록 한다면 설령 별도로 관군을 모집하지 않더라도 새로 들어간 온 섬 안의 백성들이 모두 공전의 군사가 될 것입니다.

1. 진장(鎭將) 및 군관(軍官)들에 대해서는 본도(本道)로 하여금 일이 성취되는 기간까지 한정하여 강변(江邊)의 예에 의거해서 급료를 지급해야겠습니다.

1. 화기(火器)의 여러 가지 기구는 군기시(軍器寺)에서 지급하되, 조총(鳥銃)은 군기시에 원래부터 저장된 것이 없으니, 훈련도감(訓鍊都監)으로 하여금 지급하도록 해야겠습니다.

1. 첨사(僉使)가 대동하는 군관은 5인을 넘지 않도록 해야겠습니다.

1. 인신(印信)과 병부(兵符)는 급히 만들어 보내야겠습니다.

1. 새로 설치한 진에 대해서는 5년까지 한정하여 모든 본도(本道)의 출역(出役)과 공물(貢物) 및 경(京)의 예초(刈草) 등에 관한 일을 일체 배정하지 말도록 할 일로 승전을 받들어 시행해야겠습니다."

왕이 아뢴 대로 하라고 답하였다.

이항복이 두 차례 상소한 정책이 다 이루어지자, 이항복이 2년 뒤인 1611년 8월 4일에 다시 아뢰었다.

○ "황해 병사(黃海兵使) 유공량(柳公亮)이 첩정(牒呈)을 올렸습니다. '등산곶에 가서 다시 형세를 간심해 보니, 남쪽에서 서쪽으로, 서쪽에서 동쪽으로 가는 해적(海賊)들이 모두 이 등산을 경과하게 되어서 등산은 곧 요충지이니, 그 해상을 방어함에 있

어 진(鎭)을 설치하는 것이 매우 중요하다. **백령도(白翎島)**에 진을 설치한 뒤로는 해적들이 내양(內洋)을 경유해서 다니지 못하고 있으니, 등산에도 진을 설치한 뒤에는 반드시 해적들이 그 근처에 정박하지 못할 것이다. 그러므로 진을 옮기는 일이 아주 긴급하다. 그리고 이리저리 배치하여 형체를 이루는 동안에 복호(復戶)해 주는 일에 대해서는 일체 **백령도**의 예에 따라 조정에서 마치 수군(水軍)을 조발(調發)하는 일이 있을 때와 같이 할 경우, **백령도**와 등산곶을 제외하고 다만 허사포(許沙浦)·오차포(吾叉浦)·소강포(所江浦)·용매포(龍媒浦) 이 네 포의 군사만으로는 그 숫자가 많지 않아서 전보다 줄어들 것이다.' 그러니 우선 몇 년을 한정하여 등산의 수군도 **백령도**의 예에 의거해서 조용(調用)을 허락하지 말 것을 본도에 행이(行移)하면 어떻겠습니까?"

　　왕이 윤허한다고 전교하였다.

　백령도에 진(鎭)을 설치하자 해적들이 이 부근에 드나들지 못하게 되었으니, 다른 지역에 진을 설치할 때에도 같은 정책을 시행하여 백성들에게 피해를 끼치지 않고 많은 효과를 얻게 하자고 제안하자, 광해군이 허락하였다. 이때부터 갑오개혁(1894) 때까지 270년간 백령진이 서해 앞바다를 지키고, 백령도 주민들도 안정적인 생활을 누렸다.

4. 저자 미상의 『백령진지(白翎鎭誌)』

백령도에 관해 가장 자세하게 기록한 문헌은 1802년(순조 2)에 기록된 저자 미상의 『백령진지(白翎鎭誌)』이다. 31면 분량의 필사본으로 전해오는데, 백령진의 연혁과 운영상황, 백령도와 대청도의 형세 등을 자세히 기록하고 있다.

인천광역시에서 2019년에 간행한 『인천의 관방유적』하권에 원문과 번역문이 실려 있어서, 필요한 부분을 발췌하여 소개한다. 일부 문장은 자연스럽게 고쳤다.

【서문】

읍(邑)이 있으면 반드시 지(誌)가 있어야 읍(邑) 안의 크고 작은 규모(規模)가 모두 실리고, 또 반드시 등록(謄錄)이 있어야 견주어 볼 부첩(簿牒)이 모두 초록되어 일에 경법(經法)과 권도(權道)가 없어진다. … 읍(邑)과 진(鎭)은 하나이니, 본 진(鎭)을 설치한 지가 200년 가까이 되었어도 아직 지(誌)를 기록한 것은 한 글자도 없다. … 대개 절해벽도(絶海僻島)에는 이름이 널리 알려진 사람과 현달(顯達)한 선비가 없고 풍속이 검소하여 애초부터 문헌이 없었기 때문이다. …

이것이 안타까워 여기에 한 두 개의 고적(古蹟)과 인습(因襲), 규모(規模)를 모아 진지(鎭誌)를 만들어, 등록(謄錄)을 기록하는 방법을 밝혀 둔다. 삼가 이를 준수할 뜻을 가지고 따르는 자들은 무식하다는 수치를 씻기 바란다. 책머리에 그 전말을 기록한 것은 섬의 아전들에게는 권계(勸誡)가 되고 아울러 또한 이후에 진(鎭)으로 부임하는 사람에게는 규범으로 쓰이기를 바랄 뿐이다.

삼가 살펴보니, 광해군 2년 기유(己酉 1609)에 월사(月沙)6)

---

6) 월사(月沙)는 이항복이 아니라 같은 시기에 재상을 지낸 이정귀(李廷龜)의

이공(李公 이항복)이 진(鎭)을 설치할 것을 건의하였고, 이에 전지(傳旨)를 받들어 절목(節目) 8조(條)를 시행하였다. 인서(印署)의 원본을 재차 베낀 작은 책자가 있으니 이것이 진실로 실제 행적을 기록한 것이고, 또한 정당(政堂)에는 나무판에 새긴 소지[小識]가 있는데 이인수(李仁秀)가 백령진(白翎鎭)에 부임했던 정유년(1777년)에 걸어놓은 것이다.

최리(崔吏 최기형) 집안의 책자라는 것을 취하여 살펴보니 곧 한 조각의 낡은 종이에 좌우로 보철(補綴)하고 빈 책 위에 붙인 것이다. 고려 현종(顯宗)부터 우리 세종대왕(世宗大王) 10년(1428년) 무신(戊申)에 이르기까지의 내용이 있으니, 이것은 기유년(己酉年 1609) 이전에 관심있는 사람이 쓴 것이다. 연대별로 사건을 기록한 일은 진실로 두찬(杜撰)이 아니며, 필력(筆力)이 유경(遒勁)하고, 자획(字劃)이 완연하니 결코 근세인(近世人)이 할 수 있는 바가 아니며, 세상에 널리 퍼져 전해져 내려왔으니 참으로 곤강편옥(崑崗片玉)이라 할 것이다. …

기유년에 진(鎭)을 설치한 초기에 월사(月沙)가 전교(傳敎)를 받들어 절목(節目)을 시행하였다. 최근에 해적의 출몰이 더욱 빈번해지므로 지난해 초봄부터 황해 병영선(黃海兵營船)이 서로 번갈아가며 이 섬에 주둔하니 겨울이 되자 과연 해적이 하나도 없게 되었다.

망령되게도 우리나라를 소란스럽게 하려는 자는 반드시 몰래 이 섬에 정박하여 나무를 하고 물을 길으며 바람이 알맞은 때를 기다렸다가 비로소 내양(內洋)에 들어갈 것이니, 이 섬은 도적들이 우리나라에 들어가는 문에 해당된다 하겠다. 그러나 지난해부터 병선(兵船)이 머물면서 수비한 후에는 바다를 방어하는 일에 근심이 없어졌으니, 지난번에 의논한 것이 효과를 거두었음을 더욱 잘 알 수 있다.

대체로 이 섬은 동서로 50여리이고, 남북으로 40여리이니 주위를 돌아보는데 3일이 걸린다. 동쪽으로는 강화(江華)에 이어

호인데, 『백령진지』의 저자가 잘못 썼다.

지고, 서쪽으로는 초도(椒島)와 마주하며, 서북쪽으로는 장산곶(長山串)과 마주하고 있다. 큰 나무가 하늘을 가리고 쓸만한 풀이 무성하지 못하여 음력 5월에 잎이 자라더라도 말이 나무껍질을 씹으니, 풍성한 풀을 구하기에는 어려움이 있어 말을 기르는 장소로는 알맞지 않지만 진(鎭)을 두기에는 알맞다. 이른봄에 먼저 들어와 목책(木柵)을 치고 밭을 갈고 지키면서 소금을 마련하고 양식을 저장해 두는 것이 합당하다.

삼가 조항을 편의대로 8가지를 뽑으면 다음 같다. …

-본 섬은 토지가 비옥하고 광활하여 백성들이 반드시 모여들 것이니, 모든 도전(島田)을 백령도에 새로 들어온 백성들에게만 허락하고, 개간(開墾)한 바에 따라서 입안(立案)하도록 허락하여 호강(豪強)한 자들이 멀리 와서 함부로 차지하지 못하게 해야한다. 새로 들어온 백성들에게는 한결같이 산성(山城)의 예에 따라서 구휼하되, 그들이 개간한 전지(田地)에 대해서는 3년 동안 조세(租稅)를 받지 말고, 10년쯤 된 가호(家戶)의 전결(田結)에 대해서도 아울러 부역(賦役)을 면제해 주어야 한다.

섬 안에 새로 들어온 백성들이 새로 건조한 배들에 대해서는 각각 배에 자호(字號)를 새겨서 왕래하며 상업(商業)을 하도록 허락하여, 본진(本鎭)이 그 선세(船稅)를 받아서 본진의 군량을 보충하도록 한다. 여러 섬을 수색할 때나 불시(不時)에 급한 사태가 일어날 때에는 모두 본진의 지휘를 받아서 공전(公戰)을 돕도록 하면, 별도로 관군(官軍)을 모집하지 않더라도 새로 들어온 섬 안의 백성들이 모두 공전(公戰)의 군사가 될 것이다.

-백령 첨사가 대동하는 군관(軍官)은 5명을 넘기지 않도록 해야 한다.

-또한 섬의 백성들이 살대[箭]를 엮어서 고기를 잡거나 염분(鹽盆 소금가마)을 안치하여 소금을 굽게 하여, 본진(本鎭)에서 그 지세(地稅)를 징수해서 본진의 군량으로 삼도록 한다. 각 아문(衙門)에서 (이 섬에) 사람을 보내어 고기를 잡거나 소금을 굽게 하는 등의 일에 대해서는 절대로 들어오는 것을 허락하지 말

도록 할 것을 전교(傳敎 왕의 명령)를 받들어 시행해야 한다.

【정당판각(政堂板刻)】

본래 고구려의 곡도(鵠島)이다. 송(宋)나라 진종(眞宗) 대중(大中) 3년(1010) 경술(庚戌) 즉 고려 현종(顯宗) 원년에, 지찰문(智察文)이 진장 겸 판현사(鎭將兼判縣事)를 두고 이름을 백령(白翎)이라 고쳤으며, 문무(文武) 관직을 겸직한 김처례(金處禮)를 보내어 다스리게 하였다.

5년이 지난 갑인년(1014)에 이세화(李世華)가 처음 향교(鄕校)를 세우고 자제를 모아 문학을 가르쳐서, 과거시험에 응시한 이도 있었다. 341년이 지난 원(元)나라 순제(順帝) 지정(至正) 12년(1352) 임진년 즉 고려 공민왕(恭愍王) 원년에 길이 험난하므로 육지로 나와서 문화현(文化縣) 동촌(東村) 갈산[加乙山]에 임시로 머물게 하였다. 41년이 지난 공양왕(恭讓王) 때에는 땅이 좁다 하여 백령(白翎)을 폐지하고 문화궐구현(文化闕口縣)에 예속시켰으며, 본 섬은 계속 장택현(長澤縣)에 속했다.

명(明)나라 선종(宣宗) 선덕(宣德) 3년(1428) 무신(戊申)은 우리 왕조의 세종대왕 10년으로, 영강현(永康縣)을 혁파하고 영강의 강(康)과 백령의 령(翎)을 따서 강령현(康翎縣)이라 하였으며, 해주(海州)와 우현(牛峴)의 남쪽 땅을 분할하여 현치(縣治)를 사천(蛇川)에 두었으니, 옛날의 영강(永康)은 금동역(金洞驛)의 서쪽이다. 4년이 지난 후에 다시 본 섬에 진(鎭)을 설치하였고 이름도 옛 이름으로 하였다.

이 문서가 유실되어 전해지지 못했다면 사람들이 백령(白翎)의 옛 이름이 곡도(鵠島)인지 몰랐을 것이다. 한 나그네가 진(鎭)의 서리였던 최기형(崔己亨) 집에서 수진본(袖珍本)을 얻어 나에게 주었다. 나는 고적(古蹟) 얻은 것이 기뻐서 이를 즉시 판목(板木)을 가지고 와서 "곡도구성(鵠島舊城)" 네 글자를 새겨 동각(東閣)에 걸었다.

【관직(官職)】

당상 삼품 첨사(堂上三品僉使) : 진을 설치한 초기에 풍천부사(豊川府使)가 관할하던 아랑포(阿郞浦), 장연(長淵), 광암(廣岩) 등의 관(官)을 (백령진에) 옮겨 소속시켰고, 소강첨사(蘇江僉使)와 함께 동쪽과 서쪽 지역을 관할하는 독진(獨鎭)의 장(將)으로 삼았으며, 관질은 소강(蘇江)의 위에 두었다. 중간에 올린 벼슬한 이력(履歷)을 참조하여 전사파총(前司把摠)으로 삼는다.

【급대원액(給代元額)】

찬군(饌軍) 1명, 군관(軍官) 3명, 방선장(防船將) 1명, 파방진무(把房鎭撫) 6명, 지인(持印) 1명, 흡창(吸唱) 1명, 군관진무청취반군(軍官鎭撫廳炊飯軍) 1명, 사령(使令) 2명, 군뢰(軍牢) 2명, 취수(吹手) 2명, 군향직 겸 군기직(軍餉直兼軍器直) 1명, 채한(菜漢) 1명, 급수군(汲水軍) 1명, 과섭군(過涉軍) 7명, 대소청 수토군(大小靑捜討軍) 10명, 전방선 수직군(戰防船守直軍) 2명, 궁시장(弓矢匠) 1명, 삼처 요망군(三處瞭望軍) 3명, 지군(紙軍) 1명, 순영 주인(巡營主人) 1명, 수영 주인(水營主人) 1명, 별서강 관직(別西江舘直) 1명, 도사공(都沙工) 1명, 모두 51명으로 각 1명당 매월 3냥(兩)씩이다.

【산천(山川)】

진(鎭)의 서북쪽으로 5리(里) 정도 떨어져 있는 해변(海邊)을 토구포(土仇浦)라고 한다. 작은 산이 우뚝 솟았으며, 산맥은 장연의 장산(長山)에서 바다 밑을 따라 이곳에 이르러서, 구불구불 동쪽에서 내려와 두룡산(頭龍山)이 되었으니 즉 작은 등성이다. 왼쪽으로 둘러서 북산(北山)이 되니, 이 산이 백령진의 진산(鎭山)이다.

동쪽으로 대용기원(大龍機院)에 이른다. 두룡산(頭龍山)에 못 미처 남으로 두 갈래로 나뉘는데 한 갈래는 동남쪽으로 가서 남산(南山 望山)이 되니 안산(案山)이 되며, 소용기원(小龍機院)에 이르러 대룡기원과 서로 마주하며 진(鎭)의 터에서 수구(水口 용기포)가 된다. 다른 한 갈래는 남쪽에서 일어나 서쪽으로 꺾여 사항(沙項 사곶)에 이르는데, 오른쪽 갈래는 갑자기 바다 속으로 들어가 두모(頭毛)가 되어 장산곶에 마주 솟아서 목장(牧場)과 송전(松田)이 되며, 왼쪽 갈래는 남산의 남쪽에 이르러 남쪽 산 기슭과 마주하며 바다로 나가는 문이 되니 이른바 내포(內浦)이다.

포구에서 북서쪽으로 10여리를 들어가면 포구가 끝나는데, 염분포(塩盆浦 염수개)의 중간에 좌우로 들어가 완연히 십자형이 된 것이 있어, 조수가 차면 수 십리의 평평한 호수가 되니 넓고 볼만하다. 포구의 남쪽에는 선창(船倉)이 있어 전선(戰船)을 묶어두는 곳이다. 즉 이 섬의 허리이니, 산으로 말하면 두룡(頭龍)이요 내(川)로 말하면 내포(內浦)이다.

【지리관방 부(地理関防附)】

옛날부터 고기잡이를 하는 중국배가 바람에 쫓기는 것이 아니고서도 본섬의 두모진(頭毛津)에 머물지 않는 적이 없으니, 해로(海路)의 지름길이며 배를 정박하기에 편하다는 것을 미루어 알 수 있다. 진을 설치하는 절목(節目)에 해적(海賊)이 출입하는 문간이라고 한 것이 이것이다. 한번 내양(內洋)에 들어가면 바람과 물때를 기다려 곧바로 교동(喬桐)까지 몇 날이면 닿을 수 있다. 해로(海路)를 방어하는 것으로 말하자면 본 섬이 가장 요지라고 할 수 있다.

【폭원(幅圓)】

주위가 70리이고, 길이는 동쪽 용기원(龍機院)에서 서쪽 두모진(頭毛津)까지 30리이고, 넓이는 북쪽 북진(北津)에서 남쪽 마영구미(馬永九味)까지 30리이다.

【도리(道里)】

관문(官門)에서 동쪽으로 용기원(龍機院)까지 거리는 5리, 서쪽으로 두모진(頭毛津)까지 거리는 25리, 남쪽으로 마영구미(馬永九味)까지 거리는 27리, 북쪽으로 북진(北津)까지 거리는 3리이다. 나루에서 두모진을 건너면 장연 장산곶에 통하는데 바닷길로 50리이다. …

용기원에서 남쪽으로 대소청도(大小靑島)에 통하며, 중화진(中和津)에서 남쪽으로는 대소청도에 통한다. 물길로는 북진(北津)에서 남쪽으로 대청도까지의 거리는 30리이고, 남쪽으로 소청도까지의 거리는 40리이며 … 용기원에서 서울까지는 580리이다.

【방리(坊里)】

진내면(鎭內面 진촌), 살곶지[沙乙串地 사곶], 망근대미[麻斤淡味], 촌면(村面), 차유(車踰 수레넘이 신화동), 대갈염(大乫塩 가을1리), 소갈염(小乫塩 가을2리), 연지동(蓮池洞 연화1리), 서사동(西沙洞), 역대촌(驛垈村 화동 남포1리), 장동(長洞 장촌 남포1리), 중화진(中和津)

【토산(土産)】

매[鷹連], 김[海衣], 굴[石花], 미역[甘藿], 해애(海艾), 황각(黃角), 전복[生鰒].

【추포무사(追捕武士)】

30명이다. 예부터 황당선(荒唐船 외국 선박)이 몰래 들어와 고기잡이하는 것을 연해(沿海)의 백성들이 만나는 대로 쫓아냈지만 기율이 없어 추포(追捕)하는 일이 한결같지 않고, 또한 농업을 그만두고 정처없이 떠도는 사람들이 계속 생겨나 연해 일대가 거의 빌 지경이다.

영조(英祖) 을묘년(1735)에 수사(水使) 이모(李某)가 있었는데 임금에게 명을 받고 내려와 병진년(1736)에 무사(武士)를 옹진(甕津), 강령(康翎), 장연(長淵), 풍천(豊川), 백령(白翎), 오차

(吾叉), 조니(助尼), 초도(椒島) 등지에 배치하여 포막(捕幕)을 쳤다. 바람이 멎고 파도가 잔잔해질 때마다 4월에서 7월까지 요미(料米)를 지급하고 추포군(追捕軍)을 거느리고 번갈아가며 지키고 쫓아서 연해 백성이 조금은 편안하게 되었다.

각 읍과 진(鎭)의 무사(武士)가 모두 690인이다. 그런데 저(외국배)들은 해변 구석에서 욕심을 부려 생계[농사]를 등한시하고 고기잡으러 오고, 우리는 매번 군사를 일으켜 물자를 소비하며 백성을 피로케 하며 분주히 지키는데, 해마다 그렇게 하지 않은 때가 없어, 수고롭고 편한 것이 현격하게 다르니 근심스럽고 힘들다.

추포군 135명이 번갈아가며 쫓아내고 있지만, 무사(武士)와 마찬가지로 요미(料米)가 없으며 또한 어느 해에 설치했는지도 모르겠다.

【요망(瞭望)】

두모진(頭毛津), 중화진(中和津), 남산(南山) 세 곳에서 바람이 멎고 파도가 잔잔해지면 읍의 풍약(風約)과 촌의 약정(約正)이 망을 보았고, 바람이 불고 파도가 높아지면 관청의 고자(庫子)와 방자(房子) 두 명이 품삯 1냥 5전 씩을 받고 남산(南山)에서 망을 보고 살폈다.

【목마(牧馬)】

목마안(牧馬案)에는 수말 35필, 암말 33필이 기록되어 있다. 암수를 논할 것 없이 연한이 없어 늙거나 병들어 죽은 것은 모두 고실(故失)로 처리한다. 매년 암말 3마리 당 새끼 1마리를 바치는 것은 3년에 1마리를 낳기 때문이다.

그러나 4년 이후부터 또한 한도가 없어 혹 늙어 새끼를 낳지 못하거나 혹 병들어 새끼를 낳지 못하는 경우에도 같은 방법으로 계산하여 허록(虛錄)하니, 매필 당 허록가는 9냥 5전이며 고실(故失)의 가는 3냥이다. 고실의 폐해가 없는 해가 없고 수가

107

많고 허록의 폐해도 늘어나는데 모두 기르는 백성에게 징수하여 상납하니, 형세가 어쩔수 없을 따름이어서 폐해는 실로 고질이다.

【봉진마(封進馬)】

2필을 매년 9월 택하여 키워서 다음해 4월에 나라에 상납하는데, 마종(馬種)이 노잔(駑屖)해져서 최근에는 점퇴(点退)하는 숫자가 많아지고 폐해가 무수히 생겨났다. 전에는 도내의 각 읍에서 나누어 기르도록 하였는데 구획에 따른 정수가 없었고, 봉진은 매년 한 필인데 기르는 값이 98냥 8푼이었다.

지금은 지난 무오년(1798)에 나누어 기르는 것을 폐지하여 1필을 더하여 정하였고, 2필의 외양의 값을 40냥으로 감하여 정하였다. 목장은 소묘강동에서 동쪽의 거장동에 이르기까지 2,850파(把)이다.

【성지(城池)】

토성(土城)의 옛터가 있는데 가로 세로 모두 200보(步) 가량으로, 작은 언덕을 둘러싸고 쌓은 것이 산성(山城) 같다. 성 안에는 다만 관아 건물[公廨]만 있고 샘이나 우물은 없다. 기유년(1609) 설진절목(設鎭節目)에 '목책(木柵)을 매어 방비했다' 했으니 아마 고려(高麗) 때 세운 옛 성의 유지(遺址)인 듯한데, 다시 수축(修築)하지 않은 것이다. 성 밖의 사방에 우물이 있고 예전에 큰 연못이 목장(牧場) 안에 있었는데, 이번 병진년(1796)에 목장을 옮기고 개간하여 주민이 그 혜택을 얻었다.

【전선(戰船)】

해자 전선(海字戰船) 1척, 여자 방패선(呂字防牌船) 1척, 쾌자 병선(快子兵船) 1척, 지자 병선(地字兵船) 1척, 거도선(居刀船) 4척이다.

5. 「백령도지(白翎島誌)」에 실린 미신 숭배

백령도는 바다를 통해 외부와 연결되고 주민 상당수가 배를 타고 고기를 잡거나 장사를 다녔으므로, 늘 풍랑에 위협을 느꼈으며, 해신(海神)에게 제사하는 것이 일상생활이었다. 소래교회 서경조 장로가 1987년 중화동교회를 처음 방문했을 때가 일년 가운데 가장 양기(陽氣)가 강하다는 중양절(重陽節, 음력 9월 9일)이었는데, 교인들이 신당(神堂)에 제사하기 위해 술을 빚고 소를 잡는 것을 보고, 이왕 담은 술은 주민들이 마지막으로 마시고, 소는 서장로가 사는 것으로 절충하여 미신 숭배를 끝냈다.

그러나 이듬해에 진남포에 면화를 사러 떠났던 교인 5명이 풍랑에 익사하는 사건이 일어나자, 다섯 가정만 남고 교인 대부분이 교회를 떠나 다시 미신을 숭배하던 생활로 되돌아간 적이 있었다. 비온 뒤에 땅이 굳는다는 말이 있는 것처럼 중화동교회 교인들은 결국 시험을 이겨내고 신앙생활로 복귀했는데, 중화동교회와 백령도의 복음 전파를 이해하려면 그 전에 얼마나 미신 숭배가 심했는지 알아볼 필요가 있다.

백령도에 잠시 들렀다가 시를 지은 문인들은 고려 때부터 있었지만, 이곳에 오래 머물면서 자세하게 남긴 기록은 조선 중기의 성리학자(性理學者) 이대기(李大期 1551-1627)이다. 그는 남명(南冥) 조식(曺植)의 학통을 계승하였으며, 임진왜란이 일어나자 고향 초계에서 의병을 일으켜 정인홍(鄭仁弘) 휘하에서 공을 세워 별제(別提 6품) 벼슬을 받고 함양군수(정4품)까지 승진하였다. 그러나 영창대군 살해의 책임을 묻다가 제주로 유배된 정온을 구하려다가 자신도 1620년에 백령도로 유배되었다.

그는 백령도에서 4년 동안 유배생활을 하면서 백령도에 관해 보고들은 사실들을 「백령도지(白翎島誌)」라는 제목으로 기록하였다. 『백령진지』처럼 항목을 나누어서 관원 신분으로 기록한 읍지(邑誌)

는 아니지만, 조선 중기의 성리학자가 서해바다 외딴 섬이었던 백령도 주민들의 생활을 어떻게 인식했는지 살펴보기에는 좋은 자료이다. 인천광역시 역사자료관에서 2010년에 간행한 『인천 도서지역의 지지자료(地誌資料)』에서 필요한 부분만 발췌하여 소개한다.

▲ 이대기의 문집인 『설학선생문집』 권2에 「백령도지(白翎島誌)」가 실려 있다.

백령진을 설치한 지 지금 13년이 지나, 모두 일곱 번 장수가 바뀌었다. 처음 김립신(金立信)을 백령 첨사로 삼았는데, 그는 마음을 다해 국사(國事)를 다루고 상업을 일으키는데 힘써 창고 곡식을 3,900석이나 모았다. 이것으로 본 진(鎭)이 뿌리를 내리는 바탕을 삼고, 방비에 필요한 기기(器機)를 마련하였으니, 그가 떠날 때에 모든 사람들이 칭찬하였다, …

본 섬의 풍속이 오직 귀신(鬼神)만을 숭배하여 음란한 일을 일삼으니, 비록 일곱 자식을 둔 아녀자도 안심하고 집에 있을 수가 없다.

인가(人家)에서도 기도(祈禱)와 제사(祭事)가 끊이지 않아 북을 치는 푸닥거리가 겨울도 없고 여름도 없다. 요즘 이곳의 풍습을 말할 것 같으면 침을 뱉어도 특별한 것이 되지 못한다.

어찌 백성들만 그렇겠는가. 백령진의 장수들까지 화극(畵戟)을 들고 신(神)을 맞이하여 관아(官衙)에서 굿판을 벌이고도 부끄러운 줄 모른다. 이러한 풍습은 백령진을 설치한 초기에 성황당(城隍堂)을 세운 데서 폐단이 시작된 것이니, 참으로 쓴웃음이 나온다.

이 기록에서 흥미로운 부분은 백령도의 성황당(城隍堂)을 백령진(白翎鎭)에서 세웠으며, 관아에서도 굿판을 벌였다는 점이다. 육지에 머물던 장수들이 배를 타고 낯선 섬에 들어와 머물게 되자 불안하여 성황당을 세운 듯하다. 중화동에는 교회가 세워진 뒤에 신당이 철폐되었지만, 지금까지도 백령도에는 세 군데에 신당이 남아있으며. 풍어(豐漁)와 무사 태평을 기원한다. 인천광역시 시사편찬위원회에서 조사하여 2018년에 간행한 『인천의 문화사적과 역사터』에서 필요한 부분을 발췌하여 소개한다.

선창대감막(船倉大監幕)

백령면 용기포의 방파제에는 선창대감을 모신 대감막이라는 것이 있는데, 나무로 기둥을 세우고 짚으로 주저리를 튼 것이다. 정월 대보름 홍어잡이가 시작되기 전에 주저리를 덧씌우고, 메로 떡을 해서 고서를 지냈다. 화성군, 강화도 등지에서 섬긴 터주대감과 신체가 같으며, 주저리를 덧씌우는 것은 업과 같이 재물이 불어나기를 바라는 것이다.

당개 서낭당

진촌리 산145번지에 위치한 당개 서낭당은 백령도를 대표하는 민속유적이다. 옛날 언젠가에 해상에서 북소리와 징소리를 울리며 왕대통[王竹筒] 하나가 떠 내려와 섬사람들이 성황님으로 모시며 제사를 드렸다고 한다. 바다로 떠날 때에는 반드시 이 해신(海神)에게 제사를 지내야 하며, 만일 제사를 지내지 않으면 배가 전복될 수 있다고 한다. 서낭당 안에는 서낭, 애기씨, 관장군을 모시는데, 신체를 나타내는 옷을 횟대에 걸어 놓았다.

용기포 서낭당(龍機浦 城隍堂)

백령면 용기포 서낭당에서는 마을 전체의 안녕을 기원하는 제의를 거행하고, 대감막에서는 선주나 선원 등 배를 타는 사람들이 풍어와 무사태평을 기원한다. 서낭당과 대감막의 제의는 음력 9월 9일 거행하는데, 무당이 주관하는 경우도 있고, 마을의 이장이 주관하는 경우도 있다. 2006년에는 이장이 주관을 하였다. 선원들이 첫 고기를 잡으러 갈 때나 가정에 우환이 있는 경우에는 개별적으로 대감막을 찾아 소주를 따르고 비손을 하기도 한다. 성황이 대감보다 우월한 신임을 알 수 있다.

제의(祭儀)하는 순서도 먼저 서낭당에서 제를 지낸 후 대감막에 가서 제사를 지낸다. 그리고 서낭당이 마을의 신이라면 대감막은 어업과 관련된 생업신임을 알 수 있다. 또한 제당(祭堂)에 차려진 제물의 양에서도 알 수 있다. 서낭당에는 갖은 제물들이 놓이는 반면, 대감막에는 술만 따른다. 서낭당에는 갓과 흰 도포가 선반에 걸려 있다. 대감막에도 본래 도포가 걸려 있었다고 하나, 현재는 없어졌다.

6. 허득 공과 중화동교회 설립

백령도의 지도자 허득 공

백령도가 「심청전」의 배경이라는 것만 보아도 알 수 있듯이, 항상 배를 타고 살았던 백령도 주민들은 미신 숭배가 심하였다. 심청이 몸을 던졌다는 장산곶 앞 바다 당사못이 백령도 용기포(용틀바위) 굴에서 마주 바라다 보이는 위치에 있다.

심청이 연꽃을 타고 떠올랐다고 전하는데, 장사꾼들이 떠날 때, 돌아올 때, 반드시 들린 곳이 백령도다. 흔히 중화동이라고 부르지만, 허간 목사와 허응숙 목사 사촌형제가 태어나고 자라난 호적상의 본적이 바로 연화리(蓮花里)이다.

백령도는 서해 끝에 있는 섬이므로, 외국 배를 들어오지 못하게 했던 쇄국시대에도 선교사들이 비교적 안전하게 접근할 수 있었다. 귀츨라프 선교사가 백령도 건너편 장연에 정박하기 전인 1816년에 이미 영국 군함 리라호 함장 맥스웰(M. Maxwell)과 바실홀(B. Hall)이 백령도 근방인 대청도에 와서 성경을 전달하고 갔으며, 1865년에는 토마스 선교사가 백령도에 정박하여 주민들에게 한문 성경을 나눠 주었다. 그러나 백령도에 교회가 시작된 것은 선교사의 선교가 아니라, 백령도 유지 허득 공의 자발적인 요청에 의해서였다.

좌의정을 지낸 문정공(文正公) 허침(許琛)의 후손 가운데 한 파가 황해도 허정(許井)에 정착하였으며, 그 가운데 허종(許鍾 1752-1816) 선조가 백령도(白翎島) 첨사(僉使) 이씨(李氏)의 책실(冊室)로 백령도에 들어가면서, 황해도 허씨에서 백령도중화동과 허씨가 나뉘어졌다. 허종의 증손자 허득(許得) 공이 백령도 일대에 기독교를 전하였다.

허득(許得 1827-1913) 공은 한학도 많이 공부하고, 서울에 자주 오가며 견문을 넓혔다. 백령도가 국경 요새인 점을 감안하여 군함 제조, 군인 양성, 군마 사육 등 국방사업에 협조하여 정부에서 통정 대부(정3품)에 임명받고 동지(同知) 직함을 받았다. 백령도에 부임하는 첨사들은 모두 허동지(許同知)를 찾아 자문을 구하고 지도를 받았다.

1894년 전라도 고부에서 시작된 농민 봉기가 전국적으로 번지자, 백령진 첨사의 자문을 맡던 허득 공도 장연군 관아로 가서 관군과 협력하였다. 동학군에 쫓긴 백성들이 소래교회로 피신하자. 동학군이 소래교회 쪽으로 접근하였다. 동학(東學)이라는 이름 자체가 기독교의 서학(西學)에 대항한 것이었으므로 같은 편은 아니었지만, 소래교회에 시무하던 맥켄지 선교사가 총(銃)을 내려놓고 호의적인 반응을 보이자, 동학군도 해를 끼치지 않고 물러났다.

맥켄지 선교사는 참형 직전의 동학의 접주(接主)를 구하여 그 집안을 기독교 가정으로 개종시키기도 하였다.[7] 허득 공은 몇 년 뒤에 바다 건너 소래교회에 사람을 보내어서 백령도에 교회를 세워달라고 청하였다.

손자인 허간 목사에게 백령도지를 읽게 하다

허득 공이 선구자였다는 사실은 손자인 허간 목사에게 백령도 인문지리서인 『백령진지(白翎鎭誌)』를 2년간 공부시켜 도민들의 땅을 지키게 했다는 사실만 보아도 알 수 있다.

이러한 사실은 그로부터 60여 년 뒤인 1969년에 85세가 된 허간 목사와 81세가 된 허응숙 목사가 기록한 양천허씨 백령중화동파 족보 서문에서 볼 수 있다. (할아버지의 문장을 그대로 살리면서 맞춤법만 쉽게 풀어쓴다.)

문정공(文正公 許琛)의 10대손 허종(許鍾)께서 백령 첨사(白翎僉事)의 책실(冊室)로 백령도에 오셨다. 그러나 20여 대를 찾

---

7) 장연군중앙군민회, 『장연군지』 종교편, 장연군중앙군민회, 1995, 256쪽

는 것보다 우리 친조부님을 중시조(中始祖)로 봉위(奉位)하여 계보를 작성하는 것이 좋은 일이고, 도리상 좋은 일이라는 것을 생각하고 기술코저 한다.

공께서는 우리 해주파(海州派)에서는 유명하신 분이시다. 공께서는 공부도 많이 하시고, 지혜와 도덕이 특출하시어 유경(留京)살이에 많은 경험이 있었으나 벼슬살이를 원치 않으시고 본 지방 백령도를 사수하셔서 국가에서 통정대부(通政大夫 정3품)를 하사하시고, 동지(同知) 명칭을 주었다.

군함을 목재로 제조하시고, 군인(軍人) 양성과 군마(軍馬) 성축에 주력하셨다. 백령도는 그 시대에 국경(國境)이 되어 국가에서 큰 공헌으로 생각하시고, 백령 첨사는 누구를 물론하고 허동지를 존경하여 자문을 구하였다.

공께서는 노년시(老年時)에 매국자(賣國者) 이완용(李完用)의 매국적 행사로 각 섬을 국토로 매수함에 따라서 본 백령도가 국유지(國有地)가 됨을 아시고 장손(長孫) 허간(許侃)을 불러서 백령도지(白翎島誌)를 2년간 견습시켜

"후일에 이것으로 네가 승리해야 백령도민(白翎島民)의 생활이 된다."

고 교훈하셨다. 후일 조부께서 작고(作故)하신 후에 허간(許侃) 장손(長孫)이 5년간 조선총독(朝鮮總督) 데라우치(寺內正毅), 하세가와(長谷川)와 재판(裁判)해서 본 도민의 본토를 사수케 하는 사업을 성공케 하셨다. …

서기 1969년 8월 15일
6대손[8] 목사 허 간(許 侃) 85세
6대손   목사 허응숙(許應俶) 81세

---

8) 6대손이란 양천허씨 해주파 가운데 백령도에 책실로 처음 들어와 양천허씨 백령중화동공파의 중시조가 된 허종(許鍾) 공의 6대손이라는 뜻이다. 허종, 허설(許卨), 허금철(許今哲), 허득(許得), 허근(許根), 허간(許侃)으로 이어져 6대가 된다.

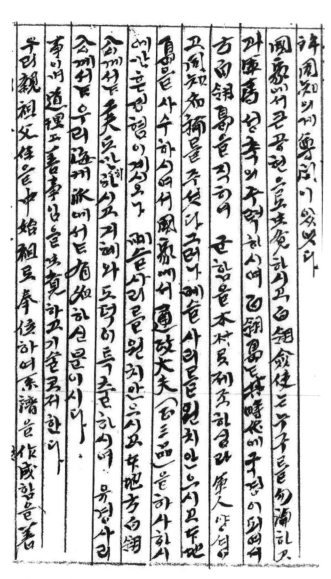

▲ 허득 공이 장손 허간 목사에게 『백령도지』 내용을 2년 동안 가르쳐 조선총독 하세가와에게 소송케 했다는 내용.(오른쪽에 이어짐)

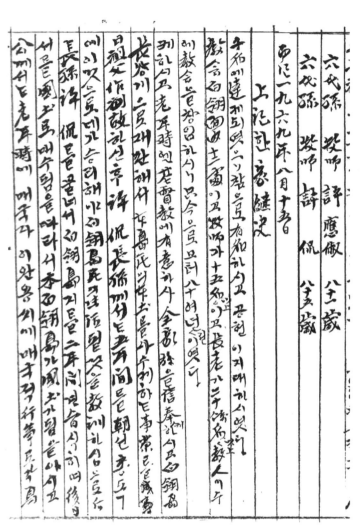

▲ 85세 되던 손자 허간 목사와 81세 되던 허응숙 목사가 양천허씨백령중화동공파 종친회를 조직하면서 기록하였고, 허응숙 목사가 양천허씨백령중화동공파 족보에 서문으로 썼다.

김성진 진사와 함께 성경을 읽다가 교회를 세우다

허득 공의 교회 설립은 갑신정변(1884년) 이전에 서울에 오가며 개화파 인사들과 교유할 때에 알게 되었던 충남 공주 출신의 진사(進士) 김성진(金聲振)이 백령도로 유배온 사건에서 시작된다.

김성진은 정부를 전복시키고 요인들을 암살하여 개화파 정부를 세우려다가 실패하고 백령도로 유배되어 왔다. 주모자 5명 가운데 송진용과 홍현철은 교수형에 처하고 황학성과 김성진은 유배형에 처한 사실이 『고종실록』 34년(1897) 7월 16일 기사에 실려 있다.

서울에서 진사로 활동하던 지식인 친구를 만난 허득 공은 김성진 진사를 훈장으로 모시고 중화동에 서당을 차렸다. 허득 공의 손자인 허간 목사와 허응숙 목사가 이 서당에서 김성진에게 한문을 배웠다. 그런데 김성진이 성경과 찬미가 책을 가지고 왔기 때문에 허득 공과 의논하여 도민들에게 복음을 전하기 시작했다.

김성진은 원래 기독교인이 아니었는데, 언더우드 선교사의 증언에 의하면 '김성진의 기독교인 사위가 장인의 짐보따리에 성경과 찬미가 책을 넣어주었다'고 한다. 김성진은 친구도 없는 섬에서 소일거리 삼아 성경책을 읽어보고 허득 공과 토론하다가 둘 다 기독교인이 되었다.

전통적인 한학(漢學)을 하던 허득 공이 하루아침에 조상 제사를 폐지하고 예수를 믿기로 한 사연을 확실히 알 수는 없지만, 그 이유는 두세 가지로 짐작할 수 있다. 지금까지 읽고 생활신조로 삼았던 사서삼경(四書三經)과 기독교의 성경(聖經)이 근본적으로 통한다는 점, 동학군(東學軍)에 맞서서 정부군을 도와 활동하는 가운데 기울어져 가는 조선정부 대신에 기독교가 장래에 유망하리라고 믿은 점, 섬에만 갇혀 있지 않고 서울에 드나들며 새로운 세상을 확인했던 점 등이다.

허득 공은 백령도에서 존경받던 유지였기에, 중화동 마을 주민들을 모아서 "예수를 믿어야 할 이유"를 설명하자 모두들 찬성하였다. 허득 공의 맏아들이자 허간 목사의 부친인 허근(許根)이 백령도의 좌수(座首) 풍헌(風憲) 직을 맡아 마을행정 지도층이었으므로 여론이 쉽게 모아진 것이다.

김성진 진사는 서울에만 선교사와 성경이 있다고 생각하여 청년대표를 뽑아 보내려 하였지만, 허득 공으로부터 바다 건너편 장연군 소래에도 서양인 선교사가 와서 교회가 세워졌다는 말을 듣고 김달삼 청년을 소래교회로 보냈다.

주민들이 여비와 책값까지 모아서 보냈다고 하였으니, 선교사나 전도인의 전도를 받지 않고 주민들이 비용까지 걷어서 자발적으로 예수를 받아들여 교회를 설립한 것이다. 이 이야기는 언더우드 선교사가 미국 잡지에 쓴 글에도 자세하게 실려 있다.[9]

이후 목사도 없고 전도부인도 찾아오지 않던 상황에서 허득 공이 한문성경을 읽고 묵상한 가운데 터득한 진리를 중화동 교인들에게 한 동안 설교하였다. 서경조 장로가 전도하러 들리고 언더우드 선교사가 세례를 주러 들렸지만, 1901년 가을에야 한정일 전도인이 비로소 부임하여 신학교육을 받은 전도인의 설교와 전도가 시작되었다.

9) 이만열·옥성득 편역, 『언더우드 자료집 Ⅲ』, 연세대학교출판부, 2007, 182-184쪽

7. 김성진 진사의 백령 유배와 중화동교회 설립

허득(許得) 공은 갑신정변(1884년) 이전에 서울에 오가며 개화파 인사들과 교유했는데, 갑신정변이 실패하자 김옥균과도 교유가 있었음으로 신변이 위태로워져서 고향인 백령도로 낙향하여 조용히 지내고 있었다.

하향한 지 10여 년 뒤에 충남 출신의 진사(進士) 김성진(金聲振)이 정부를 전복시키고 요인들을 암살하여 개화파 정부를 세우려다가 실패하고, 체포되어 백령도로 유배되어 왔다. 주모자 5명 가운데 송진용과 황학성은 교수형에 처하고, 나머지 3명은 종신형에 처하였는데, 『고종실록』 34년(1897) 7월 16일 기사에 김성진의 이야기가 실려 있다.

> 법부대신 한규설이 제의하였다.
> "고등재판소에서 심리한 죄인 송진용·홍현철·황학성·김성진·장지영 등은 궁중에 가까이 모시는 사람들과 정부의 여러 대신들을 제거하고 정부를 개혁할 것을 모의했는데, 모살하려던 계책이 누설되었습니다. 이러한 사실이 증인의 공술에서 명백히 밝혀졌습니다.
> 송진용은 모반조(謀叛條)에서 '모의를 꾸몄으나 수행하지 못한 죄'에 해당하는 법조문으로, 홍현철은 '같은 범인으로서 추종한 죄'에 해당하는 법조문과 '임금에게 불온한 말을 하여 인정과 도리를 해친 죄'에 해당하는 법조문에 따라, 함께 교수형(絞首刑)에 처할 것입니다.
> 황학성과 김성진은 같은 범인으로서 추종한 법조문에 따라 종신(終身) 유형(流刑)에 처하며, 장지영은 '사실을 알고 있으면서도 고발하지 않은 죄'의 법조문에 따라 3년 유형(流刑)에 처할 것입니다."

임금이 지시하였다. "(법부대신이) 제의한 대로 할 것이다. 그러나 참작해볼 것이 없지 않은 만큼, 황학성과 김성진은 각각 두 등급을 낮추어줄 것이다."

임금의 감형(減刑) 지시에 따라 김성진은 종신형(終身刑)보다 한결 가볍게 백령도로 유배왔다. 예전에 서울에서 개화파로 함께 어울렸던 허득 공과 김성진은 뜻밖에 백령도에서 다시 만나게 되었고, 같은 처지의 동지임으로 서로 친하게 되었다.

서울에서 진사로 활동하던 지식인이었으므로, 허득 공은 김성진을 훈장으로 모시고 중화동에 서당을 차렸다.

김성진이 백령도에 유배된 소식은 각 섬에 유배된 죄수 명단인 『각도배수안(各島配囚案)』에도 "김성진(金聲振) 모사범행(謀事犯行) 유십년(流十年)"이라 기록되어 있다. 광무(光武) 원년(1897) 11월 6일자로 간행된 이 책자는 왕실 도서관인 규장각에 소장되어 있다.

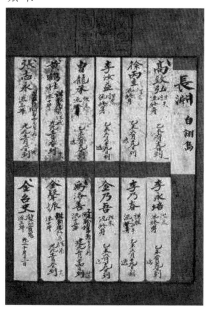

◀ 『각도배수안(各島配囚案)』 첫 장에 백령도에 유배온 김성진의 이름과 내역이 실려 있다.

그런데 김성진이 성경과 찬미가 책을 가지고 왔기 때문에 허득공과 도민들에게 복음을 전하기 시작했다. 김성진은 원래 기독교인이 아니었는데, 그가 우연히 성경책을 가지고 백령도에 유배 간 이유에 대해 언더우드 선교사가 뒷날 이렇게 증언하였다.

몇 년 전 한국에 일어난 많은 정치적 격변과 소동의 와중에 오늘의 애국자가 내일의 반역자가 되고 그 다음 날에 다시 애국자가 될 수 있는 판국에, 많은 관리들이 종신형을 선고받고 한국 해안의 여러 섬으로 귀양을 가게 되었다.

이 가운데 고위직도 아니고 하위직도 아닌 한 관리가 있었는데, 그는 또한 왕실에 줄을 대서 형량을 감소시킬 만한 힘도 없는 자였다.

그의 사위는 얼마 전에 기독교인이 되었으며, 장인에게 하나님과 그리스도와 죄와 구원에 대해서 자주 말했다. 나이가 지긋한 그 양반은 사위가 하는 말을 정중히 들었지만, 사실 아무런 효과는 없었다. 사위는 귀양 선고를 받은 장인의 짐 속에 성경한 권을 넣었고, 그 관리는 여생을 보낼 섬으로 내려갔다.

그가 귀양을 간 섬은 흰 날개라는 뜻을 가진 '백령도(白翎島)'로 육지에서 약 30마일 떨어진 서해안에 있었다. 그곳은 유명한 장연군 건너편에 위치해 있었는데, 장연에는 여러 개의 자급하는 큰 장로교회들이 소래교회를 중심으로 번창하고 있었다.

섬에 도착한 후 그 관리는 소일 삼아 성경을 읽게 되었다. 얼마 지나지 않아 그 관리는 성경이 말하는 진리를 확신하게 되었고, 이 새로운 진리를 주변의 이웃과 섬 주민들에게 알리고 싶었다. 그는 그들을 만나 최대한 자세하게 자신이 성경에서 발견한 새 종교, 새 진리, 새 희망에 대해서 말하기 시작했다.[10]

---

10) 언더우드, 「백령도에 복음이 들어간 내력」, 『세계선교평론』, 1904년 6월. pp.519-521.

사위가 유배 가는 장인의 짐보따리에 넣어준 성경책이 결국 백령도에 복음을 전하여 많은 교회를 세우게 된 것이다. 서울에 살면서 새로운 문명을 접했던 허득 공은 서울에서 전도를 받은 바 있어 기독교에 대해 전혀 모르는 바가 아니었는데, 이제 김성진을 통해 자세하게 진리를 터득하게 되었으니 얼마나 다행한 일인가. 복음을 글자 그대로 하나님의 축복으로 받아들이고, "세상 꼴 되어가는 것을 보니 이대로는 안 되겠다"고 개탄하며 신앙생활에 열중했다.

언더우드 선교사는 허득 공과 김성진이 구체적으로 백령도에 교회를 설립하는 과정을 이렇게 증언하였다.

그는 사람들에게 '만일 그들이 진리를 알기 원하면 배를 타고 바다를 건너 소래 마을에 가서 그곳 교회의 서경조(徐景祚) 장로에게 더 물어보라'고 말했다, 그는 또한 기독교 진리를 조명해 주는 많은 책들이 있다고 말했다.

그래서 섬 주민들 일부가 이 책들을 사기 위해 돈을 들고 육지로 건너가서 소래교회를 방문했다. 교회 회중은 그들을 기쁘게 맞이했고, 마음껏 머물러 있도록 잘 대접했으며, 책들을 제공해 준 후 고향으로 돌아가도록 해 주었다.

그들이 가장 절실하게 요청한 것은 교사였다. 하지만 일이 많아서 서경조나 다른 영수들은 섬으로 건너가지 못했다. 그러나 섬 주민들은 더 많은 진리의 빛을 찾아서 자주 육지로 나왔다. 점차 많은 신자들이 함께 모였고, 그 관리를 영수로 세웠다.

처음 섬 주민들의 방문을 받은 지 2년 만에 서 장로는 한두 사람과 함께 그 섬을 방문할 수 있었다. 그때는 마침 다수의 섬 주민들이 그들의 운명을 주관한다고 믿었던 신에게 매년 드리는 마을 제사를 준비해 놓은 1899년 가을이었다. 주민들은 많은 음식을 마련하고, 많은 막걸리를 빚었으며, 강한 소주를 걸렀고, 희생 제물에 쓸 많은 돼지를 잡았다.

서경조가 섬에 도착했을 때 모든 것이 준비된 상태였다. 소수의 기독교인들은 제사 준비에 반대하려고 최선을 다했는데, 서

장로가 오는 것을 하나님의 사자가 오는 것처럼 반겼다. 그들은 그를 제사를 드리기 위해서 모인 군중에게 데리고 가서 연설을 하도록 주선했다. 섬 주민들은 기꺼이 이에 응했고, 서 장로는 간단히 기도한 후 강력하고 효과적인 한국어로 제사의 무용성을 지적했으며, 점진적으로 그들이 범하려는 죄를 직시하도록 인도했다. 성령의 임재가 매우 분명하게 나타나, 그들이 이구동성으로 말했다.

"구원을 얻으려면 무엇을 해야 합니까?"

그들은 바로 막걸리와 술을 바다에 쏟아 부었고, 이방 신에게 바칠 희생 제물로 마련했던 돼지들을 팔아서 곡식을 샀으며, 모인 기독교인들에게는 참신을 예배하기 위한 예배당을 건축하도록 첫 기금을 주었다. 그리고 우상 숭배의 모든 흔적을 즉시 파괴했으며, 하나님을 예배하는 방법을 가르쳐 달라고 부탁했다.

서경조 형제는 그들과 많은 날을 함께 보내면서 진리를 가르쳤다. 그가 육지로 돌아올 무렵, 그는 예배당의 기초가 마련되는 것을 보았으며, 예배당 건축위원회는 필요한 물품을 사기 위해서 그와 함께 배를 타고 나왔다.

이들 주민들이 모두 진지한 기독교인이라고 생각해서는 안된다. 많은 자들이 아직도 이교의 흑암 속에 있다. 그러나 그들은 빛을 찾고 있다. 일부는 약간의 빛을 보았고, 주 예수 그리스도를 확실히 신뢰하고 있다. 우리는 그들 가운데 선한 일을 시작하신 하나님께서 완성해 주실 것을 믿는다.

한국의 해안선을 따라 수많은 섬들이 있으며, 원시적인 섬 주민들에게 사역할 많은 기회가 있다. 오늘 한국의 전국 방방곡곡은 복음을 향해 문을 활짝 열고 있으며, 한국인들은 오래된 이교 숭배가 쓸모없다는 것을 점점 더 깨닫고 참신을 찾고 있다. 오늘 그들에게 이 복음을 주는 것이 바로 그리스도의 교회의 특권이다.[11]

---

11) 이만열·옥성득 편역, 『언더우드 자료집 Ⅲ』, 연세대학교출판부, 2007, 182-184쪽

한양에서 귀양 온 김성진 진사가 중화동에 서당을 열어 동네 아이들을 가르치고, 주일에는 동네 어른들을 모아서 교회를 열어 예배를 보기 시작하자, 허득 공의 손자인 허응숙 목사도 김성진을 통해서 기독교를 만나게 된다. 여기부터는 김성진 진사에게 한문을 배웠던 허응숙 목사의 증언이다.

나는 12살 때 마을 서당에서 (허득) 할아버지로부터 한문을 배웠는데, 어느 날 웬 낯선 손님이 찾아와 할아버지를 만났다. 그 후부터는 그 노인이 서당 훈장이 되었기에 계속하여 그에게서 한문을 배웠다. 그런데 공부하려고 서당에 아침 일찍 가보면 훈장 어른이 엎드려 무어라 한참동안 중얼거리는 것을 보고 속으로 "아마 배가 아파서 그런가보다"라고 생각했다. 그 후 쉬는 시간에도 꼭 같은 자세로 책상에 엎드려 중얼거리는 것을 보고 "몹시 아프신가 보다" 하고 은근히 걱정했는데, 후에 그것이 바로 기도드리는 것인 줄 알게 되었다.

그 후 서당에서 공개적으로 예배를 드리게 되어 12세 소년시절부터 신앙생활을 시작했다.

허응숙 목사가 말한 12세는 1900년이니, 중화동교회 첫 번째 초가 성전이 봉헌되고, 언더우드 선교사가 중화동교회를 방문하여 그의 아버지 허권을 비롯한 교인 7명에게 세례를 주던 해이다.

허목사의 증언처럼 백령도는 정변(政變)으로 인해 유배온 김성진의 전도로 교회가 창설되었다. 1898년에 허득 공과 김성진 두 사람이 장연 송천(소래)에 교회가 있다는 말을 듣고, 김달삼이란 청년을 보내어 성경과 전도지를 구해 오니 백령도 전도가 본격화되었다.

교회 창립의 기준은 여러 가지가 있는데, 1898년 10월 9일에 한문서당에서 정식으로 창립예배를 드렸으며, 소래교회 서경조 장로가 그날 예배를 인도하였다. 허목사가 서당에서 한창 공부하던 열살 무렵이다. 다음 주부터는 평신도인 두 분의 인도로 예배를 드렸으며, 중화동에 터를 확보하고 초가집 예배당을 지은 것이 백령도 중화동교회의 공식 출발이다.

김성진은 백령도에서 9년 동안 유배생활을 하며 중화동교회를 세워 신앙생활을 하다가 유배생활에서 풀려 서울로 돌아갔다. 『고종실록』 43년(1906년) 1월 18일자 기사에 그 사실이 실려 있다.

> 각 도에 유배된 죄인 (줄임) 황학성 · 김성진 · 정근협을 모두 놓아 주라고 지시하였다.

김성진은 외딴 섬 백령도에 9년 동안 유배되었지만, 좌절하지 않고 오히려 선교의 사명을 감당해 수많은 심령을 주께 인도하였다.

김성진(金聲振, 1851-1910)은 울산김씨(蔚山金氏) 33세로, 대전광역시 유성에 대대로 살던 백화옹공파(百花翁公派) 사람이다. 김성환과 전주이씨의 장남으로, 자는 성흠(聖欽), 호는 금암(錦岩)이다. 1897년에 간신의 무리를 제거하라는 상소를 올렸다가 백령도에 유배되었으며, 1906년에 풀려났다.

1910년 경술국치를 당하자 음식을 끊고 약도 먹지 않으며 절의를 지키다가 순절하였다. 배우자는 은진송씨 희규의 딸이다. 아들 시중, 예중과 딸 하나가 있다. 대전시 유성구 어은동 선영에 묘소가 있다.

8. 언더우드 선교사 부부의 중화동교회 방문과 첫 번째 성례식

한국의 첫 번째 장로교 선교사로 부임한 언더우드의 부인이 그 남편을 따라 서북지방을 시찰할 때, 1900년 10월 초에 백령도까지 함께 왔다. 언더우드 선교사가 세례를 주고 부부가 남녀 교인들에게 성경을 가르쳤던 곳이 바로 초가집으로 세웠던 첫 번째 중화동교회이고, 허득 공의 집에서 숙박하였다.

언더우드 부인이 집필한 책 『상투 튼 사람들과 더불어 15년, 'Fifteen Years among the Top-Knots of Life in Korea'』에 중화동교회와 허득 공의 집을 방문한 기행문이 실려 있다.

우리는 소래(송천)를 떠나 백령도라는 어떤 섬을 방문하기로 했다. 백령도에는 조선 사람들의 가르침을 받은 신자들이 많이 있었다. 그 사연인즉 귀를 기울일 만하다. 이 섬에 귀양을 오게 된 어떤 사람(김성진)은 그가 떠나오기 바로 전에 감리교 신자인 그의 조카에게서 기독교 서적(성경) 한 권을 받았다고 한다. 젊은 조카는 그의 아저씨에게 이 종교는 모든 시민의 자유와 광명의 기초가 된다고 말했다.

그리하여 유배당한 그 사람은 고독할 때 이 책을 읽었으며, 그 섬에 있는 주민들에게 그 교리를 가르치며 책자를 만들어 내기도 했다. 그는 해안 저쪽 반대편 소래에 그 책자와 교리를 더 잘 알 수 있는 사람이 살고 있다는 소식을 듣고, 그 마을에서 가장 연장자이자 가장 존경받는 한 사람을 소래로 가게 해서 서장로(서경조)에게 섬에 들어와 그들을 가르쳐 달라고 청하게 했다.

그들은 한탄스러울 정도로 무지했으며, 예수를 믿는 동안에도 미신 숭배를 계속하고 있었다. 그들은 부분적으로 어떤 수단에만 의지하는 장님들 같았으며, 인간을 걸어 다니는 나무처럼 생각했다. 서씨는 그때 즉시 갈 수가 없었으나, 얼마 후 그들을 방문했을 때 그는 마을 전체가 온통 귀신을 섬기는 일에 몰두해 있다는 사실을 알았다. 서씨는 섬 주민들에게 아주 열심히, 성실하게 성경을 설명했으며, 주민들은 그들의 우상 숭배를 즉시 그만두고 하나가 되어 오직 한 분이신 참 하나님을 위해 봉사하기로 약속했다.

그러나 서씨는 오래 머무를 수가 없었다. 그리고 몇 달 후 성실한 자원 전도사인 김씨부인이 그곳을 방문했을 때, 그는 그들 중 많은 사람들이 거의 완전하게 오랜 습관과 미신으로 되돌아가 완전히 거기에 빠져 있는 것을 알게 되었다.

처음에는 어느 누구도 그를 집 안에 맞아들이려고 하지 않았다. 그러나 그는 집 밖에 나와 있는 아낙네들에게 매우 다정하고 열성적으로 설득했다. 그러자 마침내 그를 안으로 불러들였으며, 이야기를 듣고자 주위에 몰려들었다. 그의 가르침을 통해 획기적인 변화가 이루어졌다.

우리는 작은 조선 배를 타고 여행을 했다. 그 배는 너무나 작아 나쁜 날씨에는 불안스러울 정도의 것이었지만, 우리가 출발했을 때와 같이 높푸른 하늘과 반짝이는 푸른 물, 바다 위에 보석처럼 점점이 박혀 있는 매혹적인 섬들과 더불어 쾌청한 날씨여서 앞길에 전혀 방해를 받지 않았다.

백령도는 해안이 약 20마일쯤 되고, 섬의 길이는 9마일쯤 되며, 큰 마을 하나와 몇 개의 작은 마을이 있는 섬이었다. 그 섬은 너무나도 아름다웠고, 비옥했으며, 해안선을 따라 그림 같은 가파른 절벽으로 요새화되어 있었으며 절벽 뒤에는 아름다운 계곡과 부드럽게 기복이 진 평야가 아늑하게 드리워 있었다. 주민들은 모두 농사를 지으며, 가장 단순하고 원시적인 방법으로 살아가고 있었다.

돈은 거의 볼 수가 없었는데, 사실상 그곳에는 가게나 시장이 없었기 때문에 돈이 필요하지 않았다. 그들은 부족한 것이 거의 없었다. 그들은 먹을 것, 의복, 작은 농가에 켤 불과 땔감을 스스로 생산하고, 자신의 노동력으로 생산해 낼 수 없는 단순한 물품들은 그들 상호간에 물품교환을 하고 있었다.

주민들은 충분한 쌀과 땔감을 가지고 있어 모두 충분히 만족하고 있는 듯이 보였다. 음주나 거짓 같은 것들은 거의 보이지 않았다. 그곳 관리의 말에 따르면 주민들은 아주 사소한 처벌조차도 거의 필요치 않다고 한다. 우리가 보아도 그들은 매우 유순하고 친절하며 단순하고 정직한 농부와 어부 가족들이었다.

우리는 언덕 위에 세워진 작은 교회(중화동교회)를 방문했다. 그곳에는 몇 명의 신도들이 세례를 위한 시험과 세례식을 기다리고 있었다. 그들은 아주 무지했지만, 무척이나 가르침 받기를 열망하고 있었다.

소래에서 나와 함께 있던 김씨 부인과 나는 그 여인들을 가르치느라고 매우 바쁘게 지냈다. 조선의 여느 여인들과 마찬가지로 그들은 특히 찬송가를 즐겨 불렀으며, 찬송가를 무척 배우고 싶어 했다. 가사는 비교적 배우기가 쉬웠지만 곡조는 그렇지 않았다. 우리는 그들이 찬송가를 배움에 따라서 우선 신성한 진리를 알게 되며, 그것을 다른 사람에게 공표할 수 있다는 점에서 찬송가를 배우는 것이 좋다고 생각했다.

우리는 조류를 따라가기 위해서 다음날 아침 일찍 떠나야 했기에, 전날 밤 그 작은 교회에서 작별예배를 가졌다. 예배가 끝나고 인사말을 한 후 나는 짐을 싸기 위해 작은 방으로 갔다. 언더우드씨는 어느 기독교인 가정을 방문해서 지도자들과 상담하고 마지막 조언을 했다.

약 10시쯤에 김씨 부인이 한 여인을 데리고 내 방으로 와서 아주 겸손하게도 나에게

"늦은 시각이긴 하지만 한 가정을 방문해서 마지막으로 조금 더 가르쳐 주지 않겠느냐"

고 하면서 가련하게 말했다.

"우리는 너무나도 무지하지만, 우리를 가르치고 인도해 줄 사람이 없습니다."

물론 나는 흔쾌히 그들을 따라갔으며, 그들은 나를 한 농부의 오두막집으로 안내했다.

그 집은 그 동네에서도 가장 가난하고도 가장 초라한 집이었으며, 방 한쪽 구석에는 일꾼이 누워 잠들어 있었고, 다른 한 쪽에는 방에서 유일한 빛인 등잔이 받침접시 안에서 희미하고 가느다랗게 타고 있었다.

우리가 등잔 밑에 앉자 가난하고 고된 일을 하는 여인들이 우리 둘레에 가까이 다가앉았다. 그들의 얼굴과 손은 온통 걱정과 고통, 험난한 생활과 기쁨이 없는 삶을 나타내주는 표지였다.

그러나 그들은 자신들을 변화시키는 영광스런 희망으로 기뻐했으며, 이런 믿음은 지식을 알고자 하는 많은 조선의 여인들이 가지고 있는 나무 같은 딱딱하고 완고한 모습을 내던졌다.

우리가 주님과 그의 가르침을 이야기하고 찬송가를 되풀이하고 있었을 때, 문밖에서 기침 소리가 들렸다. 거기에는 여러 명의 '남자 형제들'이 춥고 얼어붙을 듯한 11월의 찬 공기 속에 서서 우리의 이야기를 듣고 있었다.

일반적인 조선의 관습과 편견에도 불구하고, 어느 여인이 그들에게 들어오라고 청했다. 나도 물론 남자들을 가르쳐 보지 않았을 뿐만 아니라, 가능하면 남자들 눈에 띄지 않도록 해 왔다. 그러나 이 경우에는 달리 방법이 없었으므로, 그들은 들어와서 합류할 수밖에 없었다.

열심히 듣는 검은 얼굴들, 진지하게 귀를 기울이고 있는 모든 사람들, 신성한 진리를 더 많이 알고자 열망하고 의에 목마르고 굶주린 사람들의 모습은 내가 결코 잊을 수 없는 광경 중에 하나였다.

그리고 작고 어둡고 초라한 방, 모두들 비추며 타오르는 단 하나의 등잔불, 그 등잔불처럼 보잘 것 없고 연약한 것이 바로 나였으며 나에게는 그 모든 것이 신의 빛으로 보였다.

'내 양을 먹이라' 이것이 그분의 마지막 명령이었지만, 아직도 많은 사람들이 오두막과 작은 마을에서 보잘 것 없고 배고픈 작은 양들이 굶주리고 있었다.

▶아들 한광과 함께 황해도를 전도 여행하던 언더우드 부부

다음날 아침 이른 첫 새벽 무렵에 그들이 다시 찾아왔다. 그들은 눈물을 흘리며 나에게 곧 다시 와줄 것을 간청했다.

"우리는 너무나도 무지하고 너무나도 연약합니다. 어떻게 사탄의 유혹에서 벗어날 수 있을까요? 여기서는 우리를 가르치고 인도할 사람이 아무도 없습니다."라고 외쳤다.

돌아오는 길의 여행은 첫 항해와는 아주 달랐다. 매서운 바람과 비가 몰아쳤으며 작은 배는 파고 위에서 장난감처럼 흔들렸다. 김씨 부인과 나는 비에 흠뻑 젖었을 뿐만 아니라 심하게 아팠다.

우리 배는 항구에 닿을 수가 없어서 가장 가까운 해안에 내렸다. 그러나 그곳에는 비바람을 피할 수 있는 장소가 전혀 없었으며, 조류마저 썰물이 되어 우리의 배는 무자비하게도 바위와 돌덩이에 부딪쳤으며, 닻을 내릴 수가 없어 배 위에서 몇 시간을 보냈다.

그렇지만 모든 것은 언젠가는 결말이 나게 마련이었다. 우리는 마침내 무사히 착륙하게 되었고, 곧 몸을 말리고 가까이 있는 어촌에서 음식을 먹으면서 몸을 따뜻하게 했다. 소래에는 그 다음날 도착했다.

9. 『백령 중화동교회 약사』를 기록한 허간 목사

『백령 중화동교회 약사』를 기록한 허간 목사(1885-1972)는 중화동교회 최초 세례교인, 최초 유사, 최초 집사, 최초 장로 등으로 교회 설립에 항상 앞서갔을 뿐만 아니라 여러 마을 전도와 백령해서제일학교 설립에 앞장섰기에 교회 역사에 관해 가장 많은 기억을 지녔다.

언제 교회 역사를 기록했는지는 알 수 없지만, 아래아(ㆍ)자를 사용한 맞춤법이라든가 1928년 허인 장로 장립식까지 기록한 것을 보면 그가 중화동교회를 떠나 황해도에서 목회를 시작할 즈음에 기록한 듯하다. 그 이후는 본인이 교회 일에 직접 참여하지 않아 증인이 될 수 없었기 때문이다.

그러나 우리나라 최초의 교회인 소래교회 당회장으로 시무하다가 남북분단(南北分斷) 이후 다시 중화동교회로 돌아와 23년간 당회장을 역임하면서 다시 중화동교회 역사의 산 증인이 되었다.

언더우드 선교사에게 16세에 세례를 받고 교회 유사가 되다

소래교회에서 서경조 장로와 홍종옥 집사와 오씨 교인이 김달삼 군과 함께 와서 전도하자 중화동 주민들이 다 믿기로 결심하고, 한문을 가르치며 유교를 보급하던 서당을 교회당으로 삼아 1896년 8월 25일에 창립예배를 드렸다. 이날부터 소래교회에서 온 전도인 3명이 밤낮 전도하고 주민들과 토론하면서 교인이 늘어났다.

중화동에는 중양절(重陽節)인 음력 9월 9일마다 해신(海神)에게 제사를 지냈으므로, 이 해에도 술을 빚고 소를 잡으려고 사 놓았는데, 이 제사가 신앙에 적합한지 서경조 장로에게 물어보았다. 서장로가

"이왕 담은 술은 걸러서 마을 사람들이 마지막으로 마시고, 소는

내가 사겠다."

고 하였다. 해신에게 제사를 지내지 않고 하나님께 예배를 드리며 9월 9일이 지난 뒤에, 전도인들은 고향으로 돌아갔다. 교역자가 없는 중화동교회 예배는 70세가 되고 성경 지식도 거의 없는 허득공과 김성진 진사가 인도하였다.

이듬해 8월 20일에 남자 3명, 여자 2명이 김경문 씨 배를 빌려 평안남도 진남포에 가서 면화를 사 오다가, 황해도 풍천 진강포 앞에서 풍랑을 만나 배가 부서지고 중화동 주민 5명이 모두 익사하였다. 9월 그믐께 진강포 주민이 일부러 찾아와서 해난사고 소식을 알려주어, 시험에 든 많은 주민들이 교회를 떠나 신당으로 되돌아가서 해신에게 제사하였다.

결국 교회에는 허득, 허근(허득 장남, 허간 목사의 부친), 최영우, 김흥보, 허권(허득 4남, 허응숙 목사의 부친) 등 다섯 가정만 남아 마을 주민들의 핍박을 견뎌가며 예배를 드렸다. 이 와중에 성전을 지어 교인 사이에 결집력이 강해졌다.

우상 숭배를 거부하였다가 해난사고로 핍박당하던 다섯 가정이 백령도의 최초 세례교인이 되고 유사가 되어 교회 형태를 갖추게 되었다. 허간 목사는 이때 16세 소년으로 세례를 받았다. 허간 목사는 할아버지 집에서 언더우드 선교사에게 세례를 받았다고 간단히 기록했는데, 언더우드 부인은 좀 더 자세하게 기록하였다.

우리는 언덕 위에 세워진 작은 교회(중화동교회)를 방문했다. 그곳에는 몇 명의 신도들이 세례를 위한 시험과 세례식을 기다리고 있었다. 그들은 아주 무지했지만, 무척이나 가르침 받기를 열망하고 있었다.

소래에서 나와 함께 있던 김씨 부인과 나는 그 여인들을 가르치느라고 매우 바쁘게 지냈다. 조선의 여느 여인들과 마찬가지로 그들은 특히 찬송가를 즐겨 불렀으며, 찬송가를 무척 배우고

싶어 했다. 가사는 비교적 배우기가 쉬웠지만 곡조는 그렇지 않
았다. 우리는 그들이 찬송가를 배움에 따라서 우선 신성한 진리
를 알게 되며, 그것을 다른 사람에게 공표할 수 있다는 점에서
찬송가를 배우는 데 좋은 점이 있다고 생각했다.[12]

언더우드 선교사는 7명의 남자교인들에게 세례를 주고, 언더우드
부인은 그들의 부인들에게 찬송과 성경을 가르쳤다. 이듬해부터 허
간 목사를 비롯한 청장년 교인들이 이웃 마을에 전도를 시작하면서
백령도가 한국기독교의 섬으로 태동하기 시작하였다.

이웃 마을에도 교회를 개척하고 학교를 설립하다

사곶에 많이 살던 김씨들이 중화동교회에 찾아와 예수를 믿기 시
작했는데, 비바람이 불건 눈보라가 치건 점심을 싸 가지고 30리 길
을 걸어서 주일예배에 참석하였다. 1901년 가을에 장연송화시찰회
에서 서의동교회 한정일선생을 전도인으로 파송하여 본교회와 사
곶, 가을리 교인들을 지도하고, 장촌, 진촌, 화동 등의 마을에도 전
도하여 교인이 크게 늘어났다. 화동에서는 최씨 친척들이 중화동교
회를 찾아왔다.

1904년에 허간, 허륜(許倫) 등의 청년들이 진촌(鎭村) 잿등(지금
백령면사무소 자리)에서 대중집회를 하여 여러 사람이 믿기로 하였
으나 워낙 거리가 멀어서, 우선 이윤범, 장성록 두 사람이 매주일
중화동교회에 가서 예배를 드리고 다른 사람들은 저녁에 이윤범 성
도의 집에 모여서 예배를 드렸다. 아마도 그날 들은 설교 내용을 전
달했을 것이다.

1905년에 사곶에서 오는 교인들이 늘어나 사곶교회를 분립하고,
진촌 교인들도 그 교회에 다니게 하였다. 10월에 당회장 샤프
(Sharp, 史佑業) 선교사가 중화동교회를 방문하여, 최영우, 허륜,

---

12) L.H.언더우드 지음, 신복룡 최수근 역주, 『상투의 나라』, 집문당, 1999,
281쪽

허간 3인을 제1대 집사로 선임하였다.

1908년에 허간과 허륜 두 사촌형제가 사곶교회와 협의하여 신학문 가르칠 학교를 설립하기로 결정하고, 장연군 이인규 군수에게 학교설립 진정서와 설립신청서를 제출하여, 백령해서제일학교 인가를 받았다. 이들 형제가 소래교회 해서제일학교에 가서 배웠던 신학문을 섬 안의 청소년들에게 전하게 된 것이다. 중화동예배당 동편의 방 두 개에서 허인 교장과 허간 교사가 가르쳤는데, 10세에서 24세까지 35명이 모여들었다. 그러나 1910년에 국권을 강탈당한 뒤로는 일본 경찰의 간섭이 심해지고 학교 경영도 어려워져서, 1911년 봄에 문을 닫았다.

허간 목사가 소래교회에서 설립한 해서제일학교와 재령성경학교를 졸업하고 전도인의 자격을 얻게 되자, 황해노회 장연송화시찰회에서 허간 목사를 조사(助事 전도사)로 중화동교회에 파견하였다.

중화동교회에는 이미 사촌형 허윤이 1912년에 제1대 영수(領袖)로 취임하고, 어머니(이근신)와 작은어머니(백권신, 허응숙 목사의 모친)이 1914년에 제1대 권찰로 선임되어 교회 형태를 갖추었으므로, 본교회 출신이 조사로 부임하자 빨리 부흥하였다. 허간 목사는 사곶교회를 겸임 시무하면서, 거리가 떨어진 진촌, 화동, 가을리, 연지동의 처소회도 방문하며 예배를 인도하였다.

1917년 봄에 당회장인 샤프 선교사가 중화동교회에 와서 공동의회를 열고 장로 투표를 하여 허간 목사가 피선되었다. 10월에 황해노회 시취를 거쳐, 31세에 중화동교회 초대 장로로 장립받았다. 최영우 집사를 영수로 선임하여, 처음으로 당회가 조직되었다. 화동 처소회도 초가 6간으로 예배당을 지어 백령도가 한국 기독교의 섬으로 자리잡았다. 그러나 장연송화시찰회에서 장연군 태탄교회를 보존하기 위해 목회자로 파견하였으므로, 허간 목사가 중화동교회를 떠나 황해도 목회를 시작하게 되었다.

조선총독 데라우치에게 소송하여 국유화된 백령도 땅을 되찾다

백령도는 세종 16년(1434)에 사람이 들어와서 토지를 개간하며 자기 소유 토지에서 농사지어 먹고 살아왔으나, 중국과 국경지대라 정부에서 수군(水軍) 요지로 정하고, 수군 상비병 90명과 도민 가운데 남자 청년들을 수군으로 있게 하였다. 목장을 설치하여 군마(軍馬)도 100여필이나 길러서, 많은 부분은 역둔토(驛屯土), 즉 국유화 토지였다. 지세(地稅)와 소작료(小作料)를 납부하며 사용했던 것이다.

조선시대 장연에는 백령도 한 곳에 목장이 있었고, 가까운 섬 초도에는 풍천 소속의 목장이 있었는데, 백령도 목장이 이 지역에서 가장 컸다. 역둔토를 개인 소유로 인정했기에 토지를 자유로 사고 팔며 살았는데, 일본이 강제로 합병한 후에는 조선총독부가 설립한 동양척식회사에서 자유 매매를 엄금하였다.

더군다나 백령도의 토지는 육지 사람들이 국유지에 몰래 들어가 살던 다른 섬들과 달리, 개인 소유가 많았다. 『백령진지』에 설명된 것과 같이, 처음부터 입주민들에게 개간할 기회를 주고, 개간된 땅에는 문서를 만들어 주었으며, 10년간 부역도 면제해 주었다. 그 대신 외적이 쳐들어오면 주민들이 공전(公戰)에 참여할 의무와 권리도 주었던 것이다.

총독부에서는 1910년 10월부터 소작증을 각자에게 배부하더니, 지금까지 내던 지세와 소작료 합한 것의 6배 이상을 내게 하였다. 도민들은 조국이 일본에 합병된 것만으로도 분개하던 중이라, 민심이 폭발하여 겨울부터 백령도 땅 전부를 민유지로 찾으려는 움직임이 일어났다.

이 막중한 대사를 26세 청년 허간이 담당하였다. 전 도민이 "중화동교회의 허간(許侃)이 아니면 할 만한 분이 없다"고 강권하였으니, 도민 총의의 부탁이었다. 그 이전에 조부 허득 공이 이미 이런 사태가 벌어질 것을 예견하고, 장손 허간 목사에게 백령도지를 잘 읽어두라고 지시한 것이 바로 이때를 위함이었다.

허간 목사 자신도 의분에 떨쳐 일어나, "이 일은 개인의 이익이 목적이 아니라 백령도 전 도민의 사활이 걸린 문제인 만큼 내가 책임지겠다"고 헌신하였다. 중화동교회가 사회문제에 나선 것이다.

국유지(國有地)가 된 섬 안의 토지를 민유지(民有地)로 전환하려면, 조선총독 데라우치(寺內正毅)를 고발하여 재판에서 이겨야만 했다. 허간 목사가 1911년 3월에 정식으로 전 도민(島民)들을 집합시켰다.

"허간을 이 소송(訴訟)의 대표자로 위임하며, 재판 비용은 각 토지 소유자가 책임진다"

는 계약서에 도민 500여명이 서명 날인해서 허간 목사에게 위임하였다. 허간 목사는 그해 4월 초에 우선 장연군수에 진정서를 제출한 뒤에, 황해도지사와 조선총독 데라우치(寺內正毅)에게까지 진정서를 제출하며 활동을 개시하였다. 국권(國權)과 함께 상실(喪失)된 백령도의 땅을 원래 상태의 민유지로 돌이키기까지 2-3년이면 되리라고 예상하였다.

그러나 재판이 뜻대로 되지 않아, 5년이 넘게 흘렀다. 허간 목사는 그 사건에 몰두하여 장연읍과 황해도청, 그리고 서울까지 수십차 왕래했는데, 유력한 지사들이 5-6명씩 동행하여 왕래하기도 했지만, 혼자 다닐 때가 더 많았다.

진정서나 탄원서, 자술서(自述書) 등을 관계 관청에 제출한 것이 무려 28차이며, 직접 총독(總督)이나 도지사(道知事) 및 도청(道廳) 직원(直員)에게 찾아가서 면담을 신청하여 담판한 때도 많았다. 이렇게 노심초사로 도민을 위하여 희생적으로 활동한 결과, 1916년 10월에 조선 제2대 총독 하세가와(長谷川好道)의 명의로 명령장(命令狀)이 내려왔다.

"백령도 토지에 대하여 신(新) 목장지역(牧場地域)과 구(舊) 관사지대(官舍地帶) 외에는 전부 도민 총대표 허간의 진정서와 탄원서에 의하여 민유지(民有地)로 허락하며, 각 자작인(自作人)

이 소지한 대로 소유지(所有地)로 등기(登記)하라."

구 목장지대와 관사지대, 즉 조선시대 관청에 소속된 땅 외에는 모두 백령도민 소유의 민유지라는 것을 인정하고, 개인 앞으로 등기를 허락한 것이다. 허간 목사를 비롯한 백령도 주민들은 기쁨으로 이 서류를 받았다. 이 사건에 5년이 걸렸고, 비용도 그 당시 돈으로 7,000여원을 들였다. 민유지로 바뀐 토지는 논과 밭 합하여 14,000여 마지기이다. (밭은 1마지기에 400평, 논은 120평.)

이 넓은 토지를 도민 각자에게 분배하였다. 교회가 사회 문제에 나서서 국유화된 토지를 도민들에게 되돌려주자, 미신 때문에 교회를 떠났던 교인들도 하나님의 역사를 보고 다시 중화동교회로 돌아왔다.

전광석화 같은 웅변으로 청년들을 설득하다

당시의 많은 목회자들이 그러했던 것처럼, 허간 목사도 웅변술이 뛰어났다. 그가 이야기를 하면 많은 사람들이 설득되었다. 하세가와 총독을 상대로 백령도 토지를 반환해 달라고 소송할 때에도 웅변술로 백령도 주민들의 생각을 설득하여 대부분의 주민들이 소송에 참여하게 만들고, 장연군수와 황해도지사, 조선총독 등도 결국은 그에게 설득당하여 땅을 돌려주었다.

이후에도 가는 곳마다 주민들을 설득하는 데에는 일등이었다. 그랬기에 중화동교회 조사로 부임한 그를 황해노회 장연송화시찰회에서 불러들여 1917년에 교회 분규가 일어난 장연군 태탄교회 조사로 파견했던 것이다.

이 시절 그의 웅변 솜씨가 1920년 9월 14일자 『동아일보』에 실려 있다. 이날 신문에는 「기독청년회 창립회」라는 제목으로 여러 지방의 활동을 소개하였는데, 「장흥구락부(長興俱樂部) 강연」이라는 제목의 기사에 허간 목사의 웅변 활동이 실린 것이다.

본월 1일 송화군 장흥구락부 주최로 당지(當地) 한술극씨(韓術極氏) 가(家)에서 강연회를 개(開)한 바, 연사(演士) 허간(許偘)씨는 「장흥구락부 요구」라는 문제로, 류원봉(柳遠鳳)씨는 「장흥구락(長興俱樂)」이라는 문제 하에 전광(電光)의 설(舌)로 파도(波濤)의 변(辯)을 주(注)하야 음애한곡(陰崖寒谷)의 몽매한 이목을 경동(驚動)케 하야 박장(拍掌) 갈채성(喝采聲)은 당내(堂內)을 진동하얏고, 당일 찬조금이 사백여원에 돌하얏스며, 입회원이 백여 명에 달한 성황(城隍)을 정(呈)하얏다더라 (松禾)

　구락부(俱樂部)는 클럽(Club)의 일본식 발음을 한자로 표기한 것인데, 1920년대에는 기독교, 독립지사, 친일파, 유학생, 사회주의, 유년 단체들이 다양한 구락부를 조직하여, 전국 각지에서 구락부가 유행하였다. 평양신학교 교수였던 킨슬러 선교사가 조직한 성경구락부는 1929년에 시작되었으니, 송화군의 장흥구락부는 자발적인 기독교인들의 구락부인 셈이다.

　1920년 9월 1일 송화군에서 모였던 장흥구락부는 지명을 딴 이름이 아니어서 강연 장소를 알 수 없다. 교회 소속도 아니어서 개인 집에서 모인 듯하며, 강연 제목도 기독교와 관련이 있다고는 말하기 힘들다. 그러나 「장흥구락부 요구」라는 제목을 보면 장흥구락부가 앞으로 어떤 일을 해야 할 것인지, 부원 대표로 비젼을 제시한 것만은 분명하다.

　"전광(電光)의 설(舌)로 파도(波濤)의 변(辯)을 주(注)하야"라는 표현을 쉽게 풀어쓰면 "번개같이 빠른 혀로 물 쏟아지듯 그침없이 연설하였다."는 뜻이다. 박수 갈채를 받으며 신입회원이 백여 명이나 늘어났고 찬조금도 400여원이나 들어왔다고 하였다.

　그러나 2년 전에 교인 몇이 안식교(安息敎)로 분립해 나가면서 소란이 많았던 태탄교회를 1년 4개월만에 예배당이 비좁아져 기와집 20칸으로 증축할 정도로 부흥시킨 것은 교인들이 단순한 웅변이 아닌 설교와 기도에 은혜를 받았기 때문이다.

황해도 목회와 감옥에서 맞이한 팔일오 조국 광복

허간 목사의 호는 백석(白石)인데, "백령도(白翎島)의 (모퉁이) 돌"이라는 뜻이다. 백석, 흰돌은 「요한계시록」 2장 17절에서 유래한 호이기도 하다. 고향 백령도를 떠나 황해도에서 목회하면서도 백령도를 잊지 않겠는 뜻이기도 한데, 일제 강점기 황해도 목회는 감옥에서 시작하여 감옥에서 끝났다.

7세 되던 1891년에 동네 서당(書堂)에서 한문을 배우기 시작하여 겨울 석 달, 혹은 이듬해 정월까지 배우기를 1898년까지 하다가, 예수를 믿으면서 "구학문은 쓸데없다"고 하여 한학(漢學) 배우기를 그만두었다.

21세 되던 1905년에 중화동교회 초대 집사로 피임되어 교회 일을 시작했다. 장연군 대구면 송천리 소래교회에서 설립한 사립 해서제일학교 고등과에 22세 되던 1906년 9월에 입학하여 1907년 3월말에 졸업했다. 사촌아우 허응숙 목사보다 늦게 입학했지만, 졸업은 빨리 한 셈이다.

36

Class of 1920.

Kim Kyung Tuk	... ...	K. Kye Province	Yang Pyung.
Kim Chung Pok	... ...	So. C. Chung „	Su Chun.
Kim Kwan Sik	... ...	East Manchuria.	
Kim Pong Sup	... ...	W. Hai Province	Eul Yool.
Kim Chang Soon	... ...	No. Chul „	Ok Koo.
Yi Seung Hoon	... ...	No. P. A. „	Chung Ju.
Yi Seung Pong	... ...	No. P. A. „	Nong Chun.
Yang Sung Ha	... ...	No. P. A. „	Nong Chun.
Yum Pong Myung	... ...	No. K. S. „	Taiku.
Yoo Hai Chun	... ...	W. Hai „	Sin Chun.
Pai Bun Hwi	... ...	No. K. S. „	Kyung San.
Paik Si Kwan	... ...	Kirin.	
Paik Yung Yup	... ...	No. P. A. „	Wiju.
Suk Keun Ok	... ...	So. P. A. „	Pyeng Wen.
Yang Sung Choon	... ...	So. P. A. „	Pyeang Yang.
Um Chi Sang	... ...	Ham. So. „	Moon Chun.
O Soon Hyung	... ...	W. Hai „	Eul Yool.
O Neung Jo	... ...	So. P. A. „	Choong Wha.
Yoon Ha Yung	... ...	No. P. A. „	Wiju.
Cho Nam Myung	... ...	So. C. Chung „	Su Chun.
Cho Chai Min	... ...	Ham So. „	An Pyun.
Choi Chai Kyoo	... ...	No. K. S. „	Chung To.
Ham Suk Yong	... ...	No. P. A. „	Cho San.
Hu Kan	... ...	W. Hai „	Chang Yun.
Hong Sung Ik	... ...	No. P. A. „	Syun Chun.
Hong Chong Pil	... ...	No. Chul „	Ok Koo.

◀ 평양신학교 1916년 연감에 신입생을 미국식으로 1920학번으로 소개하였는데, 밑에서 세 번째에 황해도 장연 출신의 허간 목사 이름이 실려 있다.

1916년 3월에 조선예수교장로회 평양신학교에 입학하면서 중화동교회 조사로 부임했다가, 1917년 11월에 "신학공부를 위해서 백령도 두 교회를 사면하라"고 황해노회에서 결정하자, 시무하던 두 곳 교인들이 "사면은 절대 불가하다"고 항의하였다.

그러나 황해노회 장연송화시찰회에서 허간 목사를 장연군 태탄, 무산, 금동, 사동, 조당 등 5개처 교회 조사로 임명하자, 결국은 백령도 시무를 사면하였다. 장연군에 독신으로 부임하여 태탄교회 오내호 영수(領袖) 댁에서 하숙하면서, 다섯 교회를 순회 시무하였다.

태탄교회는 2년 전에 교인 몇이 안식교(安息敎)로 분립해 나가면서 소란이 많았으므로 시무하기 어려운 교회였기에, 통솔력이 있는 허간 목사를 파견한 것이었다.

1919년 3월 1일 만세시위운동으로 체포당할 위험이 닥치자 사방으로 피신하다가, 6월 28일에 부친이 별세했다는 부고를 받고 백령도로 돌아왔다. 순사(巡査)들의 감시가 심했지만, 친구 유의원이 백령면 주재소 순사로 있으면서 도와주어, 그의 묵인과 후원으로 부친 장례를 치렀다.

1919년 10월에 전 가족이 태탄으로 이사하였다. 당시 가족은 모친, 아내, 장녀 신복(18세), 장남 태원(14세), 질녀 성애(13세), 2녀 신애(9세), 3녀 신영(6세), 2남 태운(3세), 본인까지 모두 9명이었다. 이 해에 태탄교회가 크게 부흥하여 교인이 증가하면서 교회당이 비좁아져, 집회가 곤란할 형편이 되었다. 1920년 3월부터 태탄교회 예배당을 기와집 20칸으로 증축하였다.

1921년 2월에 평양신학교에서 수업을 받다가, '삼일만세운동에 참여한 죄'로 형사에게 체포되어 끌려나갔다. 평양경찰서부터 심한 고문을 받았다. 장연경찰서까지 와서 각종 심문을 받으며 고생하다가, 해주재판소에서 징역 2년 반을 언도받았다. 집행유예 5년으로 가석방되어 며칠 뒤에 풀려났으나, 경관들의 감시를 견디지 못하여 태탄교회를 떠났다. 평양신학교 연감에는 "Class of 1920" 명단에 실려 있었지만, 삼일만세운동 관련으로 2년이나 늦게 1922년 졸업

생이 되었다.

1921년 가을에 재령군 북율면 미생촌 교회로 독신 이거하여 시무하는 중, 겨울에 교회가 크게 부흥되어 300여 명 교인이 600여 명으로 늘어났다. 1922년 1월부터 목수 6명과 개축 공사를 시작하여 건평 70여 평의 기와집 교회를 준공하였다.

1923년 5월에 제24회 황해노회가 재령서부교회에 모였을 때 목사장립을 받았다(당시 39세). 미생촌, 상거동, 강동촌 세 교회를 임시목사로 시무하였다. 1925년 6월에 재령의 세 교회 시무를 사면하고 장연의 태탄, 이도교회 위임목사로 시무하였다. 첫 목회지로 돌아온 것이다.

1929년 10월에 평양신학교 연구과에 입학하여 2년 동안 수업하였다. 1932년에 이도교회와 중편교회는 사면하고 태탄교회만 목회하였다. 1933년에 태탄교회가 부흥되어 기와집 20여 칸 예배당이 좁아지자, 벽돌로 14칸을 증축하였다. 34칸 건평 72평이었다.

1937년 12월에 황해노회장으로 취임하였다. 일본이 중일전쟁(中日戰爭)을 일으키고 신사참배(神社參拜) 강요에 총회가 굴복하는 등, 어려운 1년을 보냈다. 1939년에 태탄교회를 사면하고, 대구면 구미포, 봉태, 송탄 교회 임시목사로 시무하였다.

1942년부터 한국 장로교 첫 번째 교회인 송천교회(소래교회) 당회장이 되었다. 동시에 대구면과 백령면 전 교회의 당회장이 되었다. 일제 탄압이 가장 극심하던 이 시기에 목회자가 비게 된 고향 백령도 교회들의 행정을 맡은 것이다. 1945년 7월 2일 장연경찰서에 사상범으로 예비검속되어, 또다시 철창생활을 하였다.

1945년 8월 15일에 사법주임(司法主任)이 찾아와서 말하였다.

"그간 고생이 많았소. 문배에 있는 딸네 집에 가서 조반을 잡숫고, 본댁으로 돌아가시오."

이유를 알지 못하여 물었더니, "해주 본서에서 당신을 석방하라는 지시가 왔으나, 그 이유는 우리도 모르오" 하였다. 딸네 집에 갔더니, 부인도 와 있었다. 12시에 라디오 방송을 듣다가 "일본왕이

항복 선언을 했다"고 하자, 그때에야 진상을 알았다. 10월에 소래 교회로 살림을 옮기고, 공산당 치하에서 목회를 시작하였다.

황남노회를 조직하고 피난온 목회자들을 돌보다

북한지역에 공산정권이 수립되어 목회하기가 차츰 위험해지자, 1947년 6월에 서울에 사는 작은아들 태운에게 가려고 동지 4명과 함께 목동포에서 야간에 탈출하여 옹진군 용천면 제작포에 도착했다. 이 와중에도 한국 최초의 교회인 소래교회 당회록만은 가지고 내려왔다.

곧바로 서울에 올라와, 뜻이 같은 동지들과 함께 토마스 목사의 순교기념사업으로 전도대(傳道隊)를 조직하였다. 악기(樂器)와 취사도구를 가지고 옹진으로 떠났다. 옹진(甕津)은 황해도였지만 삼팔선 이남(以南)에 있었다.

1947년 8월 20일경 전도대가 옹진군 북면에 교회를 설립하기 시작하여 백령면, 용천면, 서면, 옹진읍 연안 각지를 순회하며 전도하여 많은 교회를 설립하였다. 백령도내 7개 교회에서 허간 목사를 지방 책임목사로 청하여, 11월부터 시무하였다. 송천에 남아 있던 아내는 몰래 떠나려다가 발각되어 가산을 몰수당하고, 3.8선을 구사일생으로 넘어왔다. 11월 20일에 백령도에 들어와 가족들과 상봉하여 함께 살았다.13)

황해노회 지역이 거의 북한 수중에 들어갔으므로, 허간 목사는 1948년 5월에 인천제2교회 이승길 목사를 비롯한 목사 장로 여러 사람과 뜻을 합하여 황남노회(黃南老會)를 조직하였다. 총회장을 역임한 이승길 목사는 인천지방을, 허간 목사는 옹진, 백령 양지방 교회를 통솔하였다. 제4회까지는 이승길 회장, 허간 부회장으로 체

---

13) 이상, 국유화된 백령도 땅을 조선총독부로부터 되찾은 이야기와 황해도 목회 부분은 『황해도교회사』, 『한국기독교회사 총람』, 『북한교회 사진명감』, 『해방전 북한교회 총람』 등의 저자 이찬영 목사와 필자가 함께 저술한 『만성 허응숙목사』(보고사, 2020)에서 인용하였다.

제를 구축한 뒤에 제5회는 허간 회장, 이승길 부회장, 제6회는 이승길 회장, 허간 부회장, 제7회는 허간 회장, 이승길 부회장 식으로 번갈아 노회장을 맡아 황남노회를 지역 노회로 정착시켰다. 1948년 11월에 황남노회성경학교를 설립하고, 몇 차례 교장으로 봉사하는 한편, 백령도내 4개 교회 당회장으로 순행하며 돌보았다.

1950년 6월 25일 북한이 전쟁을 일으키고 인민군이 6월 27일 백령도에 상륙하자, 미처 피신하지 못하고 공산군에게 체포되어 1개월간 고역을 치렀다. 구사일생으로 두문패(자유롭게 오가지 못하고 감금된 생활)를 하고 귀가하여 칩거 중, 9월에 국군이 대청도에 상륙했다는 말을 듣고 9월 20일 대청도로 피난가서 생명을 보전했다.

1950년 10월 17일 국군이 백령도에 상륙하자, 허간목사도 백령도로 돌아와 치안 총책임을 맡고 시국수습대책위원회를 조직했다. 1.4후퇴 때에 이북의 수많은 목회자와 교인들이 백령도로 피난오자, 그들을 돌봐주었다. 1951년 2월 백령도에서 해군서해부대에 속한 선무대(宣撫隊) 대장으로 피임되어 일했다.

1953년 4월에 백령도 장촌과 북포리 두 마을에 교회를 세우고, 1954년 3월에는 소청도(小靑島)에 교회를 신설하였다. 이상 3개처 교회에 당회장으로 순찰 지도하였다. 피난민들이 몰려들면서 전쟁고아들이 많아지자, 1957년 1월 7일에 자육원(慈育院)을 재단법인으로 인가를 받아 복지사업을 펼치며 교회의 사회적인 책임을 다하기에 힘을 썼다. 정규 학교에 진학하지 못한 소년소녀들을 가르치기 위해 성경구락부를 설치한 것도 이때의 일이다.

70세가 넘은 1956년 9월 황남노회장에 피선되어 봉직하였으며, 중화동교회와 연지교회 시무중에 화동교회, 장촌교회, 중앙교회, 사곶교회 당회장을 겸임하였다. 도시화현상으로 농어촌 교회의 목회자가 비게 되자, 인천에서 제8교회(현재 제물포교회)를 개척하던 사촌아우 허응숙 목사를 불러들여 진촌교회를 담임케 하였다.

허응숙 목사가 진촌교회에서 목회하는 동안에 조카 허태연 장로

가 1957년 2월에 박찬규 장로와 함께 장립식을 받았으며, 이듬해
인 1958년에는 허목사가 성역 40주년, 김도신 장로가 취임 10주년
기념식을 하였는데, 모든 예식을 허간 목사가 맡아 주관하였다.

　허간 목사가 백령도 여러 교회의 당회장을 맡다보니, 농한기인
겨울에 겨울성경학교를 설치하여 목회자 없는 교회 교인들의 성경
교육도 중화동교회에서 연합으로 실시하였다. 진촌교회 허응숙 목
사가 중화동교회에서 강의중에 사모가 소천한 것도 이 시기의 일이
다.

◀ 겨울성경학교 강의를
마친 학생들과 허간 목사
(오른쪽), 허응숙 목사(왼
쪽)

▲ 중화동교회 헌당식과 원로목사 추대식을 허응숙 목사가 집례하였다

    1967년 6월부터 중화동교회 성전을 개축하고, 86세 되던 1970년 중화동교회 원로목사로 추대되어, 현역에서 물러났다. 고향 교회의 목회를 맡은 지 22년만에야 후임자에게 목회를 부탁하고 편히 쉬게 된 것이다.

    1972년 3월 3일에 향년 88세로 세상을 떠났다. 황남노회장으로 집행하였으며, 중화동교회 옆에 있는 양천허씨 선영에 안장하였다.

2020년에 백령도가 한국 기독교의 섬으로 지정되다
    허간 목사는 중화동교회 최초의 세례교인이자 최초 유사, 제1대

집사, 제1대 장로, 첫 번째 본교회 출신 조사(助事)이자 목사이다. 중화동교회 개척 시기에 젊은 나이에도 항상 제1이라는 칭호를 받을 정도로 전도와 봉사에 앞장섰고, 사곶, 화동, 진촌교회를 개척하고 설립하는 일에도 참여하였으며, 처소회 예배를 인도하여 이제는 다 같이 백년 넘은 교회가 되었다.

북한이 공산화한 뒤에 월남하여 중화동교회 목사로 부임한 뒤에도 1953년에 장촌교회, 백령중앙교회를 설립하였다. 한국전쟁이 방금 휴전한 시기라서 북한 땅을 눈앞에 바라보는 최전방 백령도에는 군인이 민간인만큼이나 많았으므로, 장촌교회는 해병군목 전덕성 목사와 함께 설립하였다.

◀ 허간 목사의 상여가 새로 지은 중화동교회를 떠나 선영으로 가고 있다.

중앙교회는 박승근, 이정희, 심선환, 이영환, 신국성 성도들과 함께 북포리와 가을리에 전도한 성과인데, 12월 27일 가을분교 교실에서 시작한 교회가 한 달 뒤인 1월에 제직회를 조직할 정도로 빠르게 성장하였다. 담임 목회자 없이 5년 동안 허간 목사가 당회장을 맡아 겸임 목회를 하다가, 1959년에는 진촌교회 담임목사인 사촌아우 허응숙 목사가 당회장을 맡아 목회하였으며, 1960년에 비로소 예배당을 신축하고, 중화동교회 출신 박상걸 강도사가 부임하여 목사 안수를 받았다.

　허간 목사는 16세에 중화동교회 첫 번째 예배당인 초가 6간 신축에 참여했으며, 목사로 재직하던 1953년에 36평 기와집으로, 1969년에 45평 시멘트 벽돌 건물로 다시 짓고, 86세에 마지막 헌당식을 한 뒤에 소천하였다.

▲ 양천허씨 백령중화동공파 선영에 안장한 뒤에 모인 친척들

2017년 옹진군 공식 통계에 의하면 백령도 면적 51.09㎢에 3,231가구, 남자 3,391명, 여자 2,303명, 합계 5,694명의 주민이 살고 있으며, 숫자가 확실치 않은 군인이 주둔하면서 주민들과 함께 예배를 드리고 있다. 기독교인의 비율이 90%라는 통계부터 60%라는 통계까지 시기별로 기준에 따라 다양하지만, 면 단위로는 한국 최고라는 사실을 자타가 인정하고 있다.

1996년 중화동교회에서 편찬한 『백령 중화동교회 백년사』 95쪽 「우리 마을 자랑」에는 「주일성수와 십일조」라는 작은 제목을 내세웠다.

> 우리 중화동교회의 자랑이자 우리 중화동 마을의 자랑이 있다. 그것은 우리마을 사람 모두가 예수믿고, 우리마을 가정은 모두다 예수믿는 가정이다. 우리마을은 예수 안믿는 사람이 한 사람도 없고, 예수 안 믿는 가정이 한 가정도 없다. 그래서 우리 중화동은 100% 교인이고 100% 주일성수한다. 주일날이면 아무리 고기가 많이 잡히는 날이라도 고기잡이 나가는 배가 없이 어선들도 주일을 지키며 안식한다. 그리고 아무리 바쁜 농사철이라고 해도 논밭에 나가 일하는 사람 없고, 논과 밭도 주일을 지키며 안식한다. …
>
> 주일날이면 제일 맛있는 음식을 만들어 이웃과 함께 나누어 먹으며 마치 잔치날과 같이 주일을 지킨다. 이것은 누가 시키는 것도 아니고 누가 강조해서도 아니다. 주일날은 나의 날이 아니고 주님의 날이며 주일날은 예배드리는 일 외에 다른 일은 안하는 것으로 알고 있기 때문이다. 또 하나의 자랑은 우리교회는 온 성도가 십일조를 드린다는 것이다. … 그래서 우리 마을은 32가정에 어린이까지 90명이 사는 마을이지만 완전 자립교회로 부요한 마을로 행복하게 살고 있다.

중화동교회는 백령도에 자생적으로 세워진 첫 번째 교회이자 백령도 내 10개 교회의 모교회이다. 12개 교회 가운데 군인교회 2개를 제외한 10개 교회가 모두 합동측 인천노회 소속으로 신앙을 지키고 있다.

대한예수교장로회(합동) 제104회 총회(2020년)에서 백령도를 한국기독교의 섬으로, 중화동교회를 한국기독교역사사적지 제15호로 지정한 것은 수많은 목회자와 교인들의 기도와 헌신이 합심한 결과이지만, 고향 교회의 발전에 한평생을 바친 허간 목사의 헌신도 잊을 수 없다.

▲ 중화동교회 성전 옆에 세워진 백령기독교역사관

◀ 중화동교회 앞마당에 우리나라에서 가장 오래 산 무궁화꽃이 피어 있다. 천연기념물 제521호. 오른쪽에 백년 넘은 층계 와 함께 교회 역사를 증언 하고 있다.

발문

『백령 중화동교회 약사』를 번역하고 편집을 마치며

허경진

60여 년 전 내가 초등학교 시절에 할아버지는 멀리 백령도 진촌교회에서 목회하셨고, 고등학교 시절에는 사곶교회에서 목회하셨으므로, 방학 때에나 『천자문』을 끼고 찾아가 한 달 동안 같이 살았다. 할아버지 손을 잡고 진촌 읍내에 나가면 만나는 사람마다 반갑게 인사를 했고, 할아버지는 자랑스럽게 '인천에서 온 손자'라고 소개하셨다. 그러나 주일예배 때에는 진촌교회 유년주일학교에 참석했으므로, 할아버지 설교를 들을 기회가 없었다.

고등학교 1학년 시절(1967) 여름방학에 중화동에 놀러갔더니 큰할아버지(허간 목사님)께서 양천허씨 백령중화동파 선산으로 나를 데려가셔서 위에서부터 고조부의 '오위장(五衛將)' 묘비를 비롯한 여러 선조들을 차례로 설명해 주시고, 빈 자리 두 군데를 정해서 "여기는 내가 묻힐 자리이고, 여기는 너의 할아버지가 묻힐 자리이다."라고 알려 주셨다.

큰할아버지는 그때 83세셨고 나의 할아버지는 79세셨는데, 두 분 다 현역 목회자(중화동교회, 사곶교회)셨다. 80대의 현역 목회자 두 분이 백령도의 열 교회를 지도하셨으니, 우리나라에서 보기 드문 광경이었다. 당시 중화동교회는 언덕 위에 목조건물이 멀리서 봐도 예스러워 선조들의 역사를 말해 주었는데, 큰할아버지는 이듬해에 시멘트 건물로 다시 지으시고, 헌당식과 함께 원로목사로 추대되셨다. 큰할아버지는 헌당식 2년 뒤에 소천하셔서, 말씀대로 중화동 선산에 묻히셨다.

◀ 1958년 백령도 진촌교회에서 할아버지(앞)의 성역 40주년 기념예배를 드릴 때에 큰할아버지(뒤)가 집례하셨다.

　　나의 할아버지는 내가 살던 인천 십정동으로 나오셔서, 내가 대학교 1학년이던 1970년 82세에 마지막으로 동암교회를 개척하셨다. 할아버지도 동암교회를 건축하시고 1973년에 봉헌식을 한 뒤에, 86세가 되던 1974년에 젊은 목회자를 청빙하고 마지막으로 은퇴하셨다. 그러나 91세 되던 해에 후임 목사가 교회를 떠나 목회자가 없게 되자, 교인들이 다시 91세 되신 할아버지에게 목회를 부탁드렸기에, 이 시기의 동암교회 주보에는 목회자 이름이 "목사 허응숙, 교육전도사 김용택"으로 되어 있다. 김용택 전도사도 백령도 출신의 청년이다.

92세에 돌아가신 할아버지는 지금 국립묘지 대전 현충원에 안장되셨으니 큰할아버지 말씀대로 중화동 선산에 묻히지 못하셨지만, 언제나 백령도와 중화동교회를 잊지 못하셨다. 특히 세상을 떠나시던 해에는 "백령도로 가자"고 자주 말씀하셨다. 하늘나라로 가야겠다는 생각이 겹치셨던 것이 아닐까.

동암교회 창립 50주년 행사가 코로나 때문에 다 미뤄지자 문형희 목사님이 나에게 동암교회 역사를 소개하는 설교를 부탁하셨다. 주일예배 네 차례 설교를 마치고 교인들과 인사를 나누었는데, 뜻밖에도 백령도 출신 교인들이 많았다. 할아버지가 처음 개척하실 때에도 진촌교회와 사곶교회 출신 다섯 가정이 참석했는데, 이제는 처음 뵙는 분들이 많았다. 그중에는 백령도 시절 교회 다니던 추억이 생각나서 우셨던 분들도 있었다. 이분들을 평생 순박한 교인으로 신앙생활하게 하였던 힘이 중화동교회가 백령도 열두 교회에 끼친 사랑이라고 생각한다.

큰할아버지가 쓰신 『백령 중화동교회 약사』는 1928년 6월의 허인 장로 장립식까지 30년 동안의 역사만 기록되었는데, 이 기간은 중화동교회 역사라기보다는 백령도 교회의 역사라고 볼 수 있다. 중화동교회 교인들이 가을리, 사곶, 장촌, 진촌, 화동, 연지동에 다니면서 전도하여 그곳 주민들이 중화동교회에 출석하다가 처소회로 모이고 교회로 발전하는 과정이 실려 있으며, 그 한가운데에 언제나 허간 청년이 있었다.

큰 할아버지는 황해도 소래교회 마지막 당회장으로 목회하시다가 공산당의 교회 탄압을 피해 고향 백령도로 오셔서 중화동교회 목회를 하시면서 장촌교회, 중앙교회 설립에도 관여하셨다. 이 시기의 중화동교회 약사도 기록하셨더라면 더 좋았을 텐데, 아쉬운 마음 그지없다.

　고조부는 매국노 이완용이 1910년에 조국을 일본에게 팔아넘기는 것을 보고 백령도 도민들이 땅을 빼앗기게 될까봐 걱정하시면서, 장손에게 백령도지(白翎島誌)를 공부하라고 명하셨다. 백령도지는 글자 그대로 백령도에 관한 역사 기록을 정리해놓은 책자인데, 이 책 부록에 편집한 『백령진지(白翎鎭誌)』를 말한다. 이 책에는 단순한 역사만 실려 있는 것이 아니라 백령도 주민들이 다양한 형태로 백령진(白翎鎭)의 직책을 맡아 나라를 지킨 기록이 보인다. 정3품 백령 첨사는 조정에서 파견했지만 임기가 끝나면 돌아갔는데, 백령도 주민들은 20여 가지의 직종으로 참여하여 대대로 그곳에 살면서 백령진을 지켰던 것이다.

　고조부가 목재로 전함(戰艦)을 만들어 나라에 바쳐서 동지 벼슬을 받고, 동학군을 진압하라는 명을 받아 황해도까지 갔다는 사실이 다른 지역 사람들에게는 이상하게 들리겠지만, 백령도 주민들에게는 그게 바로 생활이었다. 『백령진지』에 보면 도민들이 개간한 땅은 모두 개인 소유로 문서를 만들어 주었고, 주민들이 배를 만들어 장사하다가 전쟁이 나면 공전(公戰)에 참전하므로 일부러 군사를 뽑을 필요가 없다고 기록했다. 백령첨사가 부임할 때에 군관(軍官)을 5명 이상 데려오지 못하게 하였으니, 결국 백령진은 백령도 주민들이 농사하고 고기 잡으며 소금을 구워 생활하는 틈틈이 군사훈련을 받아 지켰으며, 군함도 재산 있는 유지들이 자발적으로 건조하여 나라에 바쳤던 것이다.

　나라에서는 백령도민들에게 특혜를 주어, 다른 관청에서 이 섬에 사람을 보내어 고기를 잡거나 소금을 굽지 못하게 하였으며, 육지의 토호(土豪)들이 섬에 들어와 땅을 빼앗지 못하게 보호하였다. 고조부는 『백령진지』를 읽어 그러한 사실을 잘 알고 있었으며, 자신이 군함을 나라에 바쳐 공전(公戰)에 참전한 적이 있기에 백령도 도민의 특권도 누구보다 잘 알고 있었다. 그랬기에 장손에게 '『백령진지』를 잘 읽어두어, 조선총독부에 땅을 빼앗기는 일이 없도록 하라'고 당부했으며, 고조부가 세상을 떠나시던 1912년부터 과연 그런 염려가 사실로 바뀌었다. 장손 허간 목사가 백령도민을 대표하여 데라우치 총독을 고소하여 5년 동안 싸우고 승리할 수 있었던 힘이 바로 고조부의 선견지명에서 나온 것이다.

연구자나 독자들이 『중화동교회 약사』를 보다 쉽게 이해하기 위해 백령도에 관한 다양한 기록을 보완했으며, 중화동교회를 방문하여 나의 선조들에게 세례를 주었던 언더우드 선교사 부부의 기록도 보완 편집하였다. 『중화동교회 약사』 원본을 사진 찍어 보내주신 중화동교회 조정헌 목사님, 이 책을 번역 출판하자고 제안하고 후원한 양천허씨 백령중화동공파 종친회에 감사드린다. 우리 문중에서 준비한 이 작은 책을 「인천교회사총서 제1권」으로 편집해 주신 인천기독교역사문화연구원에도 감사드린다. 이 책이 125년에 시작된 한 교회의 역사가 아니라, 현재 우리에게 계속되는 역사가 되기를 기도한다.

[인천교회사 총서 1]
백령 중화동교회 약사

지은이 · 허간
엮어 옮긴이 · 허경진
펴낸이 · 이정옥
펴낸곳 · **평민사**
2023년 02월 10일 초판 1쇄 인쇄
2023년 02월 15일 초판 1쇄 발행
주소 · 서울시 은평구 수색로 340, 202호
전화 · 375-8571(영업)
Fax · 375-8573
E-mail · pyung1976@naver.com
등록번호 · 제25100-2015-000102

값 12,000원
ISBN 978-89-7115-827-2 03990